中華佛學研究所
禪宗典籍系列叢書

01

三峰派
參禪鍛鍊指南　　　1

參禪
四十偈

漢月法藏禪師 著
中華佛學研究所 編註

禪宗典籍系列叢書總序

　　「禪宗典籍系列叢書」於 2021 年著手進行，目的是在精選禪宗祖師有關禪修指導鍛鍊之語錄、宗論等著作，一方面提供學者研究禪宗理論思想時，有實踐相關線索可資參考，另一方面也提供一般讀者實修上之指引。經過三年整理編校後完成首套《三峰派參禪鍛鍊指南》，包含創始祖漢月法藏之〈參禪四十偈〉，以及第三代名僧晦山戒顯的《禪門鍛鍊說》與仁山寂震的〈參禪第一步要訣〉共三冊。

　　不同於過往「漢傳佛教典籍叢刊」等系列之純粹學術走向，「禪宗典籍系列叢書」扮演了建立學術理論與實踐之連結、輔助實修指引之功能，本系列叢書有三項特色：

一、著作以修行鍛鍊相關為主

　　禪宗祖師之著作除語錄、宗論外，亦見律儀、清規、燈錄、寺志、詩文集、感應錄、筆記等，本叢書擇取編校之對象，以前兩類談及宗門鍛鍊者為主，其他著作為補充。

其中,又以宋代以後,漢地禪門臨濟宗話頭禪、曹洞宗默照禪、念佛禪的修行法門為本系列叢書的三條主線。

二、註解以有利實修為考量

祖師著作之用語,或因時代久遠而有難解之處,以學術著作立場來註解時,本不宜引今釋古,然而本系列既以輔佐一般大眾實修指引、建立實踐連結為目的,因此在註解時,除了引用禪宗典籍之外,也常使用聖嚴法師「禪修指引系列」等修行相關著作解釋之,以協助熟悉法鼓山修行體系的讀者理解祖師意旨,其中又以聖嚴法師主持禪七或禪坐會的開示內容,編輯成書的《禪的體驗・禪的開示》、《拈花微笑》等為主要參考。

三、朝代以明清向上回溯為序

禪宗在學術研究上,或許是因為受到日本人的「唐宋乃輝煌、成熟時期,明清為衰敗、墮落時期」等論述影響,明顯地在明清禪宗典籍之注疏、研究,數量上相對其他朝代是要少些。基於此考量因素,本系列叢書在編校著作時,朝代順序上選擇明、清開端,首套為晚明清初臨濟宗著作,次

為明清時期曹洞宗著作、再為禪宗念佛相關著作，而後再依序向上回溯元、宋、唐，先讓讀者有機會親近年代相對較近的祖師思想與修行方法。

　　中華佛學研究所即將邁入第四十年，恩師創辦本所初衷，即為佛教教育、學術功能而設立，2006年將教學功能與學術相關資源移轉至法鼓佛教研修學院（現今之法鼓文理學院）後，本所仍繼續肩負漢傳佛學的研究與出版之責，亦扮演著學術研究與實踐連結之橋樑，祈望本系列叢書得以體現創辦人之精神，將漢傳佛法精妙之理，導入生命實踐之中，並能裨益讀者實修參證。

釋果鏡

中華佛學研究所所長
2024 年 5 月 31 日

編輯說明（凡例）

一、為利於一般讀者閱讀禪宗典籍以及實修上之利用，爰編「禪宗典籍系列叢書」。

二、文中所述及禪師，於第一次出現時，列出其全名及生卒年，第二次起僅列簡稱。

三、凡徵引之藏經，皆在第一次出現時註明朝代及作者，第二次起不列。

四、凡參考民國以後及今人著作不列朝代。

五、所引用之《法鼓全集》參考資料，皆取自「《法鼓全集》2020 紀念版」，作者為聖嚴法師，第二次起不另行列出作者名。

六、古今字及異體字原則上直接以括弧標示出通行字於側，如竒（奇）、鍼（針）等，以便讀者閱讀。

七、字義參考自《漢語大辭典》、《禪宗大詞典》、《中華佛教百科全書》、《佛光大辭典》、《丁福保大辭典》等，不再另行標示。

八、文中所引經論出處，乃透過《CBETA 電子佛典》檢

索,並註明紙本出處,以便讀者回溯原典,其簡稱如下:(一)《大正新修大藏經》簡稱《大正藏》;(二)《卍新纂大日本續藏經》簡稱《新纂卍續藏》;(三)《嘉興大藏經》簡稱《嘉興藏》;(四)《大藏經補編》簡稱《補編》;(五)《乾隆大藏經》簡稱《龍藏》;(六)《國家圖書館善本佛典》簡稱《國圖善本佛典》;(七)《卍正藏經》簡稱《卍正藏》;(八)《中國佛寺史志彙刊》簡稱《志彙》。

目次

禪宗典籍系列叢書總序｜**釋果鏡** ⋯⋯⋯⋯ 003
編輯說明（凡例） ⋯⋯⋯⋯ 006

《三峰派參禪鍛鍊指南》導讀｜張雅雯 ⋯⋯⋯⋯ 010
漢月法藏〈參禪四十偈〉引言｜蔣明親 ⋯⋯⋯⋯ 028

參禪四十偈

1	大信	034
2	直心	036
3	持戒	038
4	發憤	042
5	去我	046
6	絕情	048
7	絕理	050
8	絕善惡	052
9	絕簡點	054
10	絕修證	056
11	近知識	058
12	受鍛鍊	060
13	看話頭	062
14	勤問話	066
15	莫妄答	068
16	便要徹	070

17	少打坐	072
18	莫習靜	074
19	勿墮工夫窟	076
20	勿立主宰	080
21	疑情	084
22	壁立萬仞	086
23	懸崖撒手	088
24	斷命根	090
25	莫坐前後際斷處	094
26	以證悟為期	098
27	更進一步	100
28	服勤	104
29	入鍛須深	108
30	遍參	112
31	到家	114
32	住山	116
33	出格	118
34	相應	120
35	个肯住	122
36	出入生死	124
37	重法脈	128
38	提振宗風	132
39	始終重戒	136
40	總頌	140

《三峰派參禪鍛鍊指南》導讀

　　《三峰派參禪鍛鍊指南》內容包含該派創祖漢月法藏（1573－1635）〈參禪四十偈〉，以及第三代名僧晦山戒顯（1610－1672）《禪門鍛鍊說》與仁山寂震（1631－1697）〈參禪第一步要訣〉共三冊。於晚明清初，禪門祖師撰擬參禪鍛鍊著作以矯正時弊者，如雲棲袾宏（1535－1615）《禪關策進》，曹洞宗湛然圓澄（1561－1627）《宗門或問》、無異元來（1576－1630）《博山參禪警語》，臨濟宗天童派費隱通容（1593－1661）《祖庭鉗鎚錄》，以及禪門尊宿憨山德清（1546－1623）的〈觀心銘〉與〈初心修悟法要〉等。❶導讀本系列內容重點與特色前，或可先談談在這麼多參禪鍛鍊著作中，為什麼特別選擇三峰派的著作？而此三位祖師（下文稱漢月禪師、戒顯禪師、寂震禪師）著作又可於修行路上提供什麼協助？

為何選擇三峰派：契機應緣多元化導之翹楚

聖嚴法師曾於西方主持禪七時為禪眾講解〈信心銘〉，理由是「因為它們為禪法提供了明白的指引」。❷ 在禪宗不立文字與文字禪的論辯中，有視經教與宗門公案、綱宗、語句等文字為雜毒或妄念而訶斥者，如中晚唐祖師禪、分燈禪的訶佛罵祖、棒喝機鋒，更有以「雜毒」譬喻語言文字無益或不利於修行者。❸ 但亦有禪師認為不可一概而論，主張將修行的過程與方法說清楚，有利於參禪人學習，而晚明清初的三峰派便是箇中代表。正如《法華經》〈方便品〉所示，佛陀有對菩薩「正直捨方便，但說無上道」的一面；亦有順應天人深心所欲，「更以異方便，助顯第一義」的一面。❹

漢月禪師之著作與修行相關者，如《三峰禪師開發工夫語錄》、《於密滲提寂音尊者智證傳》、《三峰和尚心懺》、《三峰禪師語錄・淨土直指》，以及《弘法戒儀》等，❺ 呈現了禪學、經教、懺悔、淨土、戒律等多元化導的面向。三峰派禪師透過多元方便循序引導僧俗弟子修證，而後直指自性，此番用心蘇州士子頗能體會並領納受益。順治14年（1657），聖恩寺藏經閣建成，吳偉業〈藏經閣碑記〉之末頌言可以為證：

鄧尉古道場，眾山盡環繞；
有一善知識，親遇金輪王。
手持玉庫經，開演一大藏；
百年化宮壞，乘願迺再來。
吼若獅子威，直標正法眼；
臨濟大宗旨，文字本不留。
方便利眾生，何所不融攝；
但能去纏縛，不落義解門。
即此文句身，足證圓滿智；
如來廣長舌，八萬四千言。
於一卷卷中，各滴醍醐味；
於一字字內，各貯摩尼珠。❻

　　吳偉業以「臨濟大宗旨，文字本不留。方便利眾生，何所不融攝。」充分表達三峰派藉由文字方便化眾的立場──宗門雖說不立文字，但也須以綱宗為正法眼藏，透過經教方便以攝眾。重點在於應機而用，但凡不被文字纏縛、不落入義解窠臼，則文字內自顯佛性（摩尼珠）。

　　漢月禪師曾說：「觀風化物無一定之機，因語識人有差別之智；會得總非死句，活人貴在通方。」❼言明教育學人貴在應機活用，看待文字的關鍵不在於「能否使用」，而

在於「如何善用」、如何靈然自在地活用。例如：三峰派第三代潤光澤禪師（1611－1682）以詩歌、尺牘作佛事，時人陳聞道評其「究竟窮極，不存軌則」地活用一千七百則綱宗語句，契機契緣地接引不同對象，雖以言句、文字表現，卻能超脫言句、文字而傳心，使眾生突破障礙而顯現自性。❽此乃晚明清初三峰派祖師著作之特色：縱然以語言文字為工具，然能活用、善用，而不僵化、不執著，將他人視之為雜毒、修行阻力的語言文字，巧妙轉化為修行助力。

三峰派參禪鍛鍊著作輔助修行之功：體系化通盤指引

　　禪門師家於生活中隨緣任運、於日用中應機而化，對言教之利用極其自由，師徒間的活潑對話被記錄為公案，並以之為教化工具。不過值得注意的是，晚明清初江南禪門刊刻語錄之風盛行，導致語錄品質良莠不齊，寂震禪師便曾就當時一些禪師誇耀學識、欺瞞天下、說行不一的情況，感嘆道：「仔細詳審他說在一邊，行在一邊。往往開著口如黃河奔瀉，長篇大章寫出來、大部語錄刻將去。」❾在此脈絡下，若欠缺「揀擇正法」的眼光，很容易誤入歧路。加上禪師語錄大多順著時間記錄，所載錄的或是面對具體場景開示之法語、或是針對特定對象於特定情境下的點撥，自然比較

難形成系統性的架構。相較之下，禪師特意為參禪鍛鍊撰擬之著作，可以呈現禪師對參禪鍛鍊過程的整體安排，於禪子修行可以發揮通盤指引之功。

　　《三峰派參禪鍛鍊指南》所選三部著作，是歷經千錘百鍊的漢月、戒顯、寂震三位禪師，為參禪鍛鍊所撰寫的系統化指引。誠如戒顯禪師論「參學」二字，強調不可重「學」而棄「參」，更不可單「參」而廢「學」（詳見本書後文《禪門鍛鍊說》，茲不贅引）；必須真參實學，窮盡萬法而不留一法是「真直捷」，徹盡大法小法、一切綱宗而罵除綱宗是「真獨脫」，勉勵師家只有全盤通透後，方能忘卻綱宗語句、不留一法地活用，如同遍歷九州四海、名山大川後，歸於本處而忘盡途中影子，才是「真到家」。此外，寂震禪師認為諸佛觀機逗教、諸祖應病與藥，教家有五時、四教之分判，而禪宗諸祖藥方也該有系統化的引導；因此，他為禪子述記《金剛三昧經通宗記》，於〈懸談〉提出「於無漸次中作漸次」❿之見解。

　　三峰派漢月禪師、戒顯禪師、寂震禪師的三部參禪鍛鍊著作，乃晚明清初三峰派實際修行所用，三者構成了從初學禪子到開法祖師的通盤指引系統。此中更聚焦以話頭為方法之指引，三峰派重視話頭的態度源自漢月禪師，他曾勉勵參禪者專以話頭為做工夫的方法：「只是去不得底話頭拼命

疑去，久久不懈、懈了再發。」⓫而戒顯禪師則於《禪門鍛鍊說》明白指示，師家應隨學人上、中、下根器而示以不同話頭。仁山寂震〈參禪第一步要訣〉第 11 則，亦視話頭為開悟解脫的要道：「若欲了生死，只在話頭去不得處了，更無別法與汝方便。」（茲不贅引，詳本書後文）三峰派對話頭之重視可見一斑。

三部參禪鍛鍊著作之個別特色

　　三位祖師之三部著作雖然都以參禪鍛鍊為主題，同樣都展現了重視五家綱宗、臨濟宗旨的三峰家風。但是，三者間還是有所不同：其一，所涵蓋修行過程的範圍不同；其二，對話對象有所差異。黃繹勳分析漢月禪師此作架構具備六種深淺程度的提示：初學者、初參禪者、稍有體會、較深體會、已證悟、已住院；⓬而仁山寂震〈參禪第一步要訣〉則僅涵蓋〈參禪四十偈〉前五個階段。就對象而言，〈參禪第一步要訣〉主要乃就未悟的參禪者提示如何開悟見性，最末勉勵初悟後應遍參諸方長老，並提供機鋒問答的注意事項，算是給學生看的教學輔助教材。而戒顯禪師的《禪門鍛鍊說》則是針對已悟師家的叮嚀，專為禪門長老闡明鍛鍊方法，像是禪門的教師手冊，重點在於對長老師家闡述使用綱

宗的效果,以及不用綱宗之缺失。相較之下,〈參禪第一步要訣〉並未涵蓋此部分。

此外,闡釋風格亦有不同。漢月禪師〈參禪四十偈〉以詩偈表現,可使語言留下最大的空間。[13]戒顯禪師《禪門鍛鍊說》以散文著述,但以兵法為喻,有其隱約、不說破的的闡釋風格,亦是留下較大空間令讀者自行體會。而寂震禪師〈參禪第一步要訣〉則是更為淺白的語錄記載,處處流露顧念初學者、鈍根學人的婆心。進一步比較後兩者,聖嚴法師曾評析戒顯禪師《禪門鍛鍊說》宗說兼通,以善巧方便行毒辣鉗鎚,頗有大慧宗杲之風。[14]而寂震禪師則展現了對學人修行過程循序引導的體恤之心,認為不論棒喝、話頭、綱宗與語句皆可援引為方便,最終再直截地導之歸心見性,其於天台寶華院陞座時曾言:「只得向無文字處立文字,無言論處立言論;汝須猛著精彩領取,倘能一語知歸,便得永劫受用也。」[15]頗能呼應〈參禪第一步要訣〉從般若空性中善用文字、言論方便的特色。

三部著作之重點與對應關係

就漢月禪師〈參禪四十偈〉與寂震禪師〈參禪第一步要訣〉兩相比較,相同處有二:一為總數同樣是四十則,

二為排列上同樣是依參禪過程加以循序提點。〈參禪第一步要訣〉對工夫進境的逐步提示主要在第二部分的二十九則，與〈參禪四十偈〉的前五階段互有關涉，寂震禪師有其學習〈參禪四十偈〉之處，亦有其老婆心切具體提點、延伸闡示之特點。戒顯禪師《禪門鍛鍊說》則是相應於〈參禪四十偈〉最末九則，屬於對已開法住院師家之叮嚀與期許。

據長谷部幽蹊考證，《禪門鍛鍊說》為順治18年（1661）戒顯禪師移駐黃梅四祖山時成稿。❶讀戒顯禪師此作，必先了解其撰作背後之苦心，自〈跋〉提及當時因緣：「余實見晚近禪門，死守成規、不諳烹鍛，每致真宗寂寥、法流斷絕。」萬不得已，他為禪門諸山長老立下此作以圖力挽狂瀾。然而，戒顯禪師禪風孤峻，禪鍛豈容落文字窠臼囉唆，雖成新文，然切要關鍵在於「悟即不無」，所見文字般若，皆乃禪師悟後由般若智流出的種種活用方便，破除陳規舊習之靈活鍛鍊；因此，自〈跋〉最後勸誡禪門長老使用《禪門鍛鍊說》時，切莫將此作執為實法而「講鉗鎚、論鍛鍊」不知通變，否則會將此作美意翻成罪過。

觀其內容，立論基點在於「禪門法脈傳承是否興隆，關鍵在於師家是否明綱宗、懂鍛鍊」。戒顯禪師認為師家若不懂鍛鍊手段，上好的龍象人才栽在手裡也盡成廢器；如若師家懂得出奇招、活用鍛鍊方法，縱然是中下資器的

學生也能鍛成良材，一禪期也能省發數十人。因此，進一步闡述當老師應熟練賓主、玄要、照用、料揀，對於何等法、應何等機要能瞭然於胸，當學生此法用不上力時，必須眼明手快地置換他法以幫助學人透脫牢關。他批判當時完全捨棄綱宗不用的師家，機境當前卻不能勘辨、不懂變通；另一類只懂得談本體禪，對五家綱宗不熟、只能固守死法的師家，鍛鍊的門人縱然開悟也只是「藥汞銀禪」（如水銀而不是真銀），僥倖過關卻無法徹悟，日後無以承擔大任。為法門鍛鍊龍象、續佛慧命，是戒顯禪師著作《禪門鍛鍊說》的悲心與深意。

　　戒顯禪師以兵法譬喻高明的禪鍛方法，精要在於出奇兵、對機活用。第一，師家必須仔細觀察禪子的狀況，於禪眾入門時先判定人才高下、勘驗參學深淺，再根據學生的身心狀況於禪堂內出其不意、攻其不備地逐一應對，或攔胸、劈頭、深錐、用掌，或照用、或棒喝，千鎚千鍊、百縱百擒地掃盡識情、知見。第二，師家必須視禪堂為戰場，於兩軍交戰時切忌墨守成規。

　　《禪門鍛鍊說》重綱宗、以兵喻禪的特色，在於對綱宗側重「用」而非「講」。「研究綱宗第九」強調師家在「既悟」之後應對五家綱宗、臨濟宗旨「溫研密諗，務徹古人堂奧」，目的在於「用」之以化人。戒顯禪師以「未

悟之綱宗不必有,既悟之綱宗不可無」,明確指出綱宗的使用者是已經開悟的師家,視綱宗為師家鍛鍊學人不可或缺的手段,蘊藏於胸,方可有千變萬化之運用,認為師家若不用綱宗、單用棒喝,容易「莽鹵成風」。同時,他認為對尚未開悟的學人提倡綱宗,容易流於知解,反而有障塞悟門之弊。因此鼓勵「師家」重於「用」綱宗,而非對「學人」「講」綱宗。

另一方面,寂震禪師則是除了「用」綱宗外,也展現婆心禪的一面,願意以「講」開解「學人」。具體鍛鍊手法上,兩人重視綱宗、活用方便的精神是共同的;但兩者則在於對綱宗的運用時機、對「用」或「講」的側重,則有所差異。〈參禪第一步要訣〉依參禪學人修行進程給予逐步提示,最末三則便是宗門言句的使用要點。這位願對學人婆心闡明的寂震禪師,在當時禪門的影響力亦不容小覷,葉燮（1627－1703）稱寂震禪師為當時臨濟宗第一人,描述其禪風為:「師於宗旨直透一著外,時時深研教典以證密修,徹鉅細、融本末,無大不包、無微不入。」❶ 秦松齡則讚譽寂震禪師為:「賦性剛直、勇於任事,一生承接師法、提倡宗旨。」❽ 其參禪鍛鍊著作於清初一直到清代中期,從重新刊刻便可見其持續的影響力。

〈參禪第一步要訣〉為康熙 3 年（1664）寂震 35 歲

初分座接機時所作，後於35歲至41歲（康熙4年至10年，1665－1671）主法天台寶華院及住華頂峰茅棚時，均曾用之鍛鍊參禪學人。筆者考據《仁山和尚寶華語錄》目前所見留存三種版本：單卷本之刻本、鈔本，以及兩卷本之刻本。單卷本刻本卷末的末行記載著「香嚴居士刊」，此位香嚴居士是周錫瓚（1742－1819），單卷本刻本即本書所用版本。❶

其內容可概分為「看話頭的基本態度」、「依工夫進境逐步提示」、「總結」三部分。開頭第1至8則為參禪基本態度之提醒，開宗明義便論參禪工夫不在經教而在看話頭，並警醒參禪人常見的問題與過失。末尾第38至40則為寂震禪師以宗門言句的使用要點作為總結。中間第9至37則為參禪引導的主要內容，就如何參話頭、透關開悟、遍參之機鋒問答等要訣，依工夫進境逐一提點，又可分為四階段：

1. 階段一對初學者起手式的提示（第9至12則）：包括信此為出生死法、「生死事大」的關鍵為心、只在話頭去不得處了生死、工夫得力處急須努力向前。

2. 階段二對參禪者的初步提示（第13至21則）包括：向情識去不得處、絕情絕理、絕思量計度、截斷意根，莫墮靜境界在黑山鬼窟，莫認昭昭靈靈的為自己。

3. 階段三對參禪者的進階提示（第 22 至 30 則）：包括將話頭提起於一切作為處看是甚麼道理，莫作奇特看，先須具擇法眼方參請得力，貴在事上著力、日用應緣處透脫，欲斷命根直須向智識不及處挨拶、忽然挨開一線信口道箇囚字等。

4. 階段四對已悟者機鋒問答與遍參的提示（第 31 至 37 則）：包括鼓勵已悟者不可以見聞為礙，才能進一步至處處無礙淨光。並就參學之機鋒問答提示非語莫辯、須通語脉、深辨來風等；欲機用變通無礙須見量徹底消亡；須向交加結角去不得處參，工夫方能得力；貴須吐露胸中底蘊、決擇心中疑礙等。

寂震禪師認為臨濟宗旨如織布般有經、有緯。如經之常，存在著可依循的法則；如緯之變，而有變通活用。所以，老師在鍛鍊的「用」上固應變化萬端（緯之變），但學生亦應認識基本規則（經之常）：必須識得語、句，了解一句中有賓主、照用、權實，有逆用句、順用句，有句、無句等等。

綜論之，三峰派闡揚五家綱宗並於參禪鍛鍊上具體實踐，漢月禪師〈參禪四十偈〉乃綜覽整體修行過程之精要指引，過程涵蓋初學到開法為師。戒顯禪師《禪門鍛鍊說》側重鍛鍊實踐之「用」，是對師家如何活用綱宗鍛鍊的具體指

引。寂震禪師〈參禪第一步要訣〉則著眼於對學人的輔導，在「用」之外，有著婆心而「講」、對學人循循善誘的一面。

延伸閱讀建議

　　三位祖師的參禪鍛鍊著作距今三百餘年，其用語或因時代隔越而有難解之處，校閱本不宜以今註古，然考量本系列叢書兼具提供實修者參考之用，故除引據禪籍註解外，亦於提要或註腳以聖嚴法師禪修指引系列開示加以補充說明，期能提供當代讀者實修對照參考，並方便依此自行深入閱讀。

　　此外，有興趣了解三位祖師生平或其他參禪鍛鍊著作者，可進一步參考晚近學界之研究成果，如黃繹勳於2019年就漢月禪師之新發現文獻《於密滲禪病偈》、《於密滲參禪諸偈》、《海虞三峰於密滲和尚普說》、《於密滲宋元三尊宿做工夫因緣邪正註》等文獻之校讎與解讀。❷⓪廖肇亨與周玟觀之研究，包括戒顯禪師詳細生平、遺民僧身分、儒佛關係看待，以及《禪門鍛鍊說》內容之分析。廖肇亨以《禪門鍛鍊說》仿《孫子》體例，考據其以兵喻禪最早源自大慧宗杲的「寸鐵殺人」，並從禪家闡揚綱宗的脈絡──惠洪覺範強調綱宗、紫柏真可建構綱宗、漢月禪師實踐綱宗，評析

戒顯禪師明確分判五家綱宗乃三峰家法之表現；周玟觀則從文學譬喻面向對《禪門鍛鍊說》提出分析。㉑對寂震禪師生平、著作、體系化禪學思想之研究，可參閱筆者博士論文，有關〈參禪第一步要訣〉詳細分析，另可見〈論三峰派仁山寂震之參禪第一步要訣〉一文；此外，寂震禪師擅長以多元化著作與弘化方式接引大眾，於懺法、詩作等亦呈現了體系化引導之特色，此可見有關仁山寂震〈廣寒山詩〉、《大般若懺法》之研究。㉒以上線索可供有興趣深入之讀者進一步參閱。

結語

漢月禪師〈參禪四十偈〉對象包含學人與師家，以詩偈抽象呈現三峰派參禪鍛鍊之大體精要；戒顯禪師《禪門鍛鍊說》以師家為對象，側重如兵法奇巧的綱宗之「用」；寂震禪師〈參禪第一步要訣〉則是以未悟的參禪者為對象，不吝以講說陳明綱宗、語句，提示如何開悟見性，並提供機鋒問答的注意事項、鼓勵初悟後遍參諸方以徹悟，是禪子修行參考的輔助教材。三位祖師著作提供從初學到為住山開法為師的循序引導，裨益修行人於過程有所依循，不吝於直指外以文字方便接引禪眾，充分流露出禪師悲憫眾生、願正法久

住之心。希冀藉由《三峰派參禪鍛鍊指南》之白話校註,得略略傳遞三位祖師蘊藏於正法眼藏之智慧與慈悲,借其心光以映照當代讀者之心。

中華佛學研究所助理研究員
2024 年 6 月 26 日

---

❶ 聖嚴法師論晚明禪師重視鍛鍊方法之撰作,即列舉此六筆著作與《禪門鍛鍊說》,見釋聖嚴,《明末佛教研究》,《法鼓全集》第 1 輯第 1 冊,頁 80-88。此外,聖嚴法師《禪門修證指要》所收錄二十四篇文獻,晚明清初則選錄雲棲袾宏、無異元來、憨山德清、晦山戒顯四人著作,見《禪門修證指要》,《法鼓全集》第 4 輯第 1 冊,頁 169-250。

❷ 釋聖嚴,《心的詩偈——信心銘講錄》,《法鼓全集》第 4 輯第 7 冊,頁 5-6。

❸ 有關祖師禪、分燈禪之不立文字,見周裕鍇,《禪宗語言》,上海市:復旦大學出版社,2020 年,頁 5-6。有關「雜毒」的說法與深入研究,賴霈澄指出《羅湖野錄》以後禪宗內部以「雜毒」泛指雜文字,並分析大慧宗杲現存語錄之「雜毒」,泛指參禪者抱持的錯誤迷思,執於學解、執於禪境的不純之心。賴霈澄,〈論禪門詩偈選集之流變——以《禪宗雜毒海》為例〉,《中華佛學研究》第 21

期（臺北：中華佛學研究所，2020 年 12 月），頁 77-78。

❹ 出處見後秦・鳩摩羅什譯，《妙法蓮華經・方便品》：「今我喜無畏，於諸菩薩中，正直捨方便，但說無上道。」（《妙法蓮華經》卷 1，《大正藏》冊 9，第 262 號，頁 10 上 18-19）以及「天人群生類，深心之所欲，更以異方便，助顯第一義。」（《妙法蓮華經》卷 1，《大正藏》冊 9，第 262 號，頁 8 下 9-10）

❺ 有關漢月法藏新出文獻，見黃繹勳，《漢月法藏禪師珍稀文獻選輯（一）》，高雄：佛光文化，2019 年。以及黃繹勳，〈明末漢月禪師《三峰和尚心懺》略探和點校〉，《佛光學報》新 7 卷第 2 期（高雄：佛光大學佛教研究中心，2021 年 7 月），頁 1-45。

❻ 周永年編，《鄧尉山聖恩寺志》卷 8，收錄於杜潔祥主編，《中國佛寺史志彙刊》冊 42，臺北：明文書局，1980 年，頁 285-286。

❼ 明・弘儲記，《三峰藏和尚語錄》卷 16，《嘉興藏》冊 34，第 B299 號，頁 210 下 22-25。

❽ 清・陳聞道於〈正覺潤光澤禪師澡雪集序〉，形容正覺潤光澤：「形諸言句謂之文字禪，鏟去言句謂之祖師禪。總然鏤塵雕雪，得無眼中金屑耳？從卜千七百則，諸方正襟而談，言句乎？文字乎？潤翁大師究竟窮極，不存軌則……諸方用陞堂入室為傳心，大師以詩歌尺牘作佛事……但能了然一句，勿誇念佛千聲。」清・正覺潤，《正覺潤光澤禪師澡雪集》，《嘉興藏》冊 39，第 B458 號，頁 705 上 1-24。

❾ 清・仁山寂震，《仁叟和尚語錄》（刻本殘卷）卷 10，蘇州：西園寺藏，影本見佛光大學佛教研究中心藏《明清佛教稀見文獻》第 106 冊，頁 11。

❿ 清・仁山寂震，《金剛三昧經通宗記・懸談》卷 1：「凡八品，而品品圓融互攝。依法修行，雖有八位，皆於無漸次中作漸次耳。」

（《新纂卍續藏》冊 35，第 652 號，頁 260 上 9-10）

⑪ 見漢月法藏《海虞三峰於密滲和尚普說》內容，收錄於黃繹勳，《漢月法藏禪師珍稀文獻選輯（一）》，高雄：佛光文化，2019 年，頁 257-258、268。

⑫ 黃繹勳，《漢月法藏禪師珍稀文獻選輯（一）》，高雄：佛光文化，2019 年，頁 237-239。

⑬ 黃敬家認為詩偈並非「開口處」，而是作為禪師悟境的代指，使語言留下最大的空間。黃敬家，〈寒山及其詩在宋代禪林的迴響：以禪師的引用為中心〉，《東吳中文學報》第 28 期（臺北：東吳大學，2014 年），頁 83。

⑭ 《禪門修證指要》，《法鼓全集》第 4 輯第 1 冊，頁 251。

⑮ 清・覺悟、海本記，《仁山和尚寶華語錄》，蘇州：西園寺藏，影本見佛光大學佛教研究中心藏《明清佛教稀見文獻》第 106 冊，頁 2-3。

⑯ 長谷部幽蹊，〈三峰一門の隆替〉6，日本：《愛知學院大學論叢一般教育研究》33 卷 4 號，1986 年，頁 59-80。

⑰ 清・葉燮，〈鄧尉聖恩仁叟震禪師塔誌銘〉，《已畦詩文集》卷 16，《四庫全書存目叢書》集部第 244 冊，臺南：莊嚴文化，1997 年，頁 164-165。

⑱ 清・秦松齡，〈華頂仁叟震禪師塔銘〉，《蒼峴山人文集》卷 5，收錄於《清代詩文集彙編》第 147 冊，上海：上海古籍出版社，2011 年，頁 708。

⑲ 有關〈參禪第一步要訣〉現存文獻版本考據、撰著及使用背景分析等，詳見張雅雯，〈論仁山寂震參禪第一步要訣〉，《法鼓佛學學報》第 29 期（新北：法鼓文理學院，2022 年），頁 121-129。

⑳ 黃繹勳說明漢月法藏於 1619 年住三峰清涼禪寺作《於密滲禪病

偈》、《於密滲參禪諸偈》，1626年前後住蘇州北禪寺教學於《於密滲宋元三尊宿做工夫因緣邪正註》舉大宗慧杲（1089-1163）、雪巖祖欽（1216-1287）、高峰原妙（1238-1296）如何做工夫，另有《海虞三峰於密滲和尚普說》等相關文獻之校讎、版本、內容說明。黃繹勳，《漢月法藏禪師珍稀文獻選輯（一）》，高雄：佛光文化，2019年，頁219-221、237-240、253-258、286-289。

㉑ 廖肇亨，《倒吹無孔笛——明清佛教文化研究論集》，臺北：法鼓文化，2018年，頁477-496。周玟觀從詞彙層面分析《禪門鍛鍊說》中兵法喻的詞彙映射至禪門鍛鍊域中的情形，分成兩類討論：通喻禪師禪法為兵家兵法、別喻禪門鍛鍊的施設方法與心態。周玟觀，〈爐鞴與兵法——晦山戒顯《禪門鍛鍊說》的兩種概念譬喻探析〉，《臺大佛學研究》第39期（臺北：臺大佛學研究中心，2020年），頁93-144。晦山戒顯詳細生平考據與評價，另見周玟觀，〈半生幸入三峰社——從晦山戒顯看清初遺民僧的日常生活〉，《佛光學報》新7卷第1期（宜蘭：佛光大學，2021年），頁29-73。

㉒ 寂震禪師生平、著作、禪學思想之介紹，見張雅雯，《清初三峰派仁山誌震研究——活用印心與印法以重構臨濟宗》，新北：法鼓文理學院佛教學系博士論文，2021年。從禪、詩、懺等不同面向剖析寂震體系化禪學論述，詳參張雅雯，〈論仁山寂震參禪第一步要訣〉，《法鼓佛學學報》第29期（新北：法鼓文理學院，2021年），頁116-157。張雅雯，〈以詩證禪：仁山寂震〈廣寒山詩〉揭顯之三峰宗風〉，《法鼓佛學學報》第30期（新北：法鼓文理學院，2022年），頁55-90。張雅雯，〈三峰派之懺與禪：論仁山寂震《大般若懺法》〉，《臺大佛學研究》第46期（臺北：臺大佛學研究中心，2023年），頁107-166。

漢月法藏〈參禪四十偈〉引言

　　本書採用《嘉興藏》版本的〈參禪四十偈〉[23]，其作者漢月法藏禪師（1573－1635，以下簡稱「漢月禪師」），俗姓蘇，明神宗萬曆元年生於揚州無錫，卒於明思宗崇禎8年，為臨濟宗三峰派之創始者，自號於密老人，世稱三峰藏公，乃臨濟宗密雲圓悟禪師（1566－1642，以下簡稱「密雲禪師」）之法嗣。據載，漢月禪師15歲出家德慶院，19歲禮部牒下得度，28歲起外出行腳，29歲時向雲棲袾宏大師（1535－1615）乞戒，但由於自明萬曆中葉，朝廷禁止律寺開戒壇，因此只得沙彌戒。32歲時，再向雲棲禪師乞戒，可惜戒壇仍然未開，直到幾年後，才得以在金陵靈谷寺的古心如馨和尚（1541－1616）處受具足戒，那時他已37歲。隔年，始安住於海虞（今常熟）三峰禪院。40歲時，漢月禪師決定入百日不語死關，於關中頓見虛空粉碎而自悟。明神宗萬曆42年（1614），他曾自述：「我以天目為印心，清涼為印法，真師則臨濟也。」[24]並將三峰禪院命名為清涼院。由此可知，漢月禪師自己遙嗣臨濟宗法脈。隨後，漢月

禪師雖已收受弟子,但由於並無正式師承,因此他不正席也不陞座。到了52歲,漢月禪師參謁密雲禪師,那時密雲禪師早已聽聞過漢月禪師,還曾對侍者說:「此人聰明不亞博山。」㉕ 因此,對漢月禪師的到來極為禮遇,並手書承嗣源流,不過漢月禪師並未接受。一直到明熹宗天啟7年(1627),據〈三峰和尚年譜〉云:「金粟悟和尚專使送僧伽黎至,手書云:『老僧年邁,不能領眾說法了也,舊衣一頂,惠與代勞耳。』」這一年,漢月禪師55歲,才正式成為密雲禪師之法嗣。

由於漢月禪師乃是以自力參破而開悟,見解較為獨立,因此師徒間對於臨濟宗旨的看法有不同見解,而現代學界對此之研究重點,多著墨於漢月禪師所著之《於密禪師提智證傳》以及《五宗原》上。《於密禪師提智證傳》著於明光宗泰昌元年(1620),《五宗原》則完成於明熹宗天啟5年(1625)。而〈參禪四十偈〉及〈禪病偈〉則又更早,著於萬曆47年(1619),屬於漢月禪師早期之著作,其中〈參禪四十偈〉乃漢月禪師依照心目中理想的參禪次第,所列出來的修行指南。以上作品,皆是完成於漢月禪師嗣法密雲禪師之前。

由上可知,師徒二人間的見解雖存在差異,但並非本文所討論之重點,也不影響〈參禪四十偈〉所欲闡明之內

容。我們所要了解的是,作為三峰派開創者的漢月禪師,對於學習禪修者有何種叮嚀與指導,這才是本書所欲呈現之重點,也期許讀者透過本書而能於實修上有所助益。㉖

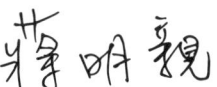

㉓ 本書的〈參禪四十偈〉乃採用《嘉興藏》版本,收錄於明・弘儲記,《三峰藏和尚語錄》卷 12(臺北:新文豐,1987 年)。另有一版本為〈於密滲參禪諸偈〉,原藏於上海圖書館,收錄在黃繹勳編,《漢月法藏珍稀文獻選輯(一)》(高雄:佛光文化,2019 年),頁 235-249 中。兩種版本只有少數不同用字,有興趣的讀者可參考。

㉔ 天目,乃指宋僧高峰原妙禪師(1238-1296),為雪巖祖欽禪師法嗣。清涼,指的是宋僧清涼惠洪禪師(1071-1128),也稱惠洪覺範、寂音尊者等,為真淨克文禪師(1025-1102)法嗣。至於臨濟,則是指唐僧臨濟義玄禪師(767-866),為黃檗希運禪師(751-850)法嗣。

㉕ 博山,指明代曹洞宗的無異元來禪師(1576-1630),為無明慧經禪師(1548-1618)法嗣。此句可參見漢月禪師的師兄木陳道忞禪師(1596-1674)之記載。(《天童弘覺忞禪師北遊集》卷 3,《嘉興

藏》冊 26，第 B180 號，頁 295 上 19-21）

㉖ 以上有關漢月禪師生平簡歷之內容，有興趣的讀者可參考他的弟子繼起弘儲禪師（1605-1672），為其編寫的〈三峰和尚年譜〉，收錄在《三峰藏和尚語錄》卷 16，《嘉興藏》冊 34，第 B299 號，頁 203 下 1- 頁 212 上 20。以及徒孫仁山寂震禪師（1631-1697）為其撰寫的〈漢月藏禪師傳〉，收錄於《三峰清涼寺志》卷 12，頁 3/3-3/7。至於現代著作則可參見釋聖嚴，《明末佛教研究》，《法鼓全集》第 1 輯第 1 冊，頁 18；連瑞枝，〈漢月法藏與晚明三峰宗派的建立〉，《中華佛學學報》第 9 期（臺北：中華佛學研究所，1996 年 7 月），頁 167-208；釋見一，《漢月法藏之禪法研究》，臺北：法鼓文化，2000 年；黃繹勳，《漢月法藏禪師珍稀文獻選輯（一）》，高雄：佛光文化，2019 年。

參禪四十偈

1

大信

　　漢月禪師認為，信有三個層次：遙信、證信、了信。❶初學禪者，首先要對自己有信心，相信自己本就具有佛性，只是目前被煩惱所障。然後，我們要相信明師的指導，一步步地實修，直至打破疑情，方能證得淨信成就。既證之後，對生死、佛祖、古今、自他，皆萬般不疑，而信字也不消得到時，即為「了信」。不論是遙信、證信或了信，簡而言之，參禪首先要有大信心，這是無庸置疑的。聖嚴法師（1930－2009）曾提到：「禪的修行第一要有大信心。」❷又說：「有了信心，就會把修行當成是自己的第一個生命、第一樁大事業。而修行，是跟自己的生活結合在一起，就像每天要吃飯、睡覺、上廁所一樣地自然。如果沒有信心，常常是進進出出、浮浮沉沉。」❸

・・・・・

佛祖機關出悟迷，信知一見得全提；❹
分明大事本條直，不上多門次第梯。❺

❶ 明・漢月述、弘儲記，《三峰藏和尚語錄》卷5，《嘉興藏》冊34，第 B299 號，頁 147 上 20- 中 4。
❷ 《心的詩偈——信心銘講錄》，《法鼓全集》第 4 輯第 7 冊，頁 33。
❸ 《禪鑰》，《法鼓全集》第 4 輯第 9 冊，頁 82。
❹ 機關：指為了讓學人得悟，而順應每個人的不同根機所設之機法，如公案、話頭，或棒喝等接化學人的方法，皆稱為機關。信知：深知，確知。全提：指的是「正令全提」，為禪者特有的心印傳授之法。（參見袁賓、康健主編，《禪宗大辭典》，武漢：崇文書局出版社，2010 年，頁 511）此二句乃指諸佛及祖師們欲使學人明心見性之種種方法。
❺ 大事：領悟佛性、超脫生死之事。條直：直截、條暢通達之意。我們修行的目標在於解脫煩惱、了卻生死，而這解脫生死的大事，是本來直截且不假次第的。

2

直心

　　學習禪修首先要有大信心,然後要以直心去參禪,南宋的大慧宗杲禪師(1089—1163)曾說:「參禪須是直心直行、直言直語。心言直故,始終地位中間,永無諸委曲相。」❻所謂直心,就是一種無執著的心。面對一切法時,著重在當下,之後心中也不留痕跡,如《六祖大師法寶壇經》所云:「但行直心,於一切法勿有執著。」❼

． ． ． ． ． ．

心言兩直勿思惟,應事如鐘付木椎;
捩轉鼻頭生死切,不知面目是阿誰。❽

❻ 宋・道謙編，《大慧普覺禪師宗門武庫》卷1，《大正藏》冊47，第1998B號，頁956上5-7。

❼ 元・宗寶編，《六祖大師法寶壇經》，《大正藏》冊48，第2008號，頁352下28-29。

❽ 捩ㄌㄧㄝˋ轉：掉轉、扭轉之意。此處可見公案「馬大師野鴨子」，又作「百丈野鴨子」。馬祖道一禪師（709-788）以野鴨飛過這樣的平常事，來勘驗弟子百丈懷海禪師（720-814）。如唐・懷海述，《百丈懷海禪師語錄》卷1云：「師侍馬祖行次，見一羣野鴨飛過。祖曰：『是甚麼？』師曰：『野鴨子。』祖曰：『甚處去也？』師曰：『飛過去也。』祖遂回頭，將師鼻一搊，負痛失聲。祖曰：『又道飛過去也。』師於言下有省。」（《新纂卍續藏》冊69，第1322號，頁5下11-14）關於這則公案，聖嚴法師曾有提點：「既然當下此刻已經沒有野鴨子這個東西，心中應該不留痕跡，還答什麼『飛過去了』。而扭鼻子之後的此時此刻正在痛，這就是真實的『現在』。現在最真實，當下最重要，目前最親切。禪宗主張把心落實於『現在』這一點。」（《公案一○○》，《法鼓全集》第4輯第12冊，頁57-58）

3

持戒

　　漢月禪師非常重視戒律,曾著有《梵網一線》,主旨在闡明禪、律同宗的道理,並集合各種戒本及藏經,合命為《弘戒法儀》。[9]他認為,學禪者若不知經教及戒律的精髓,則會產生高傲自大的慢心。[10]事實上,若想要修習禪定的功夫,其先決條件就是持戒。聖嚴法師即曾提到:「打坐的先決條件是持戒。」[11]又說:「持戒是得到心理平衡與安定的基礎,也是求得悟境或解脫的必備條件。」[12]

・・・・・

　　滌盡唯餘潔白存,才添一點是瑕痕;
　　聖凡兩路齊拋卻,[13]戒是當機狹小門。[14]

❾ 如明・漢月輯，《弘戒法儀》卷 1：「集三歸五戒、八戒、剃度十戒，并比丘白四羯磨，及菩薩戒等，為諸品說戒之式。彙《沙彌律儀要略》、《比丘戒本》、《梵網經》，為三種誦戒之本。并隨機羯磨，為比丘之則。著《梵網一線》上下卷，為禪律一心之宗。兼之佛藏經四卷，共刻一函，合命之日《弘戒法儀》。」（《新纂卍續藏》冊 60，第 1126 號，頁 576 上 23- 中 5）

❿ 見《弘戒法儀》卷 1：「以禪人不知法、律之心者，謂之增上慢人。」（《新纂卍續藏》冊 60，第 1126 號，頁 576 上 9-10）

⓫ 《禪的生活》，《法鼓全集》第 4 輯第 4 冊，頁 227。

⓬ 《禪的體驗・禪的開示》，《法鼓全集》第 4 輯第 3 冊，頁 247。

⓭ 《三峰藏和尚語錄》卷 5 云：「只是聖凡，情理所障，動輒落在意根下，東緣西緣，狂心難歇。」（《嘉興藏》冊 34，第 B299 號，頁 147 上 22-23）又云：「無念即戒。……證佛參禪自持戒始，既欲持戒，須識心體，心體無緣，如空中日，一切見聞知覺，緣之即屬染污。」（《三峰藏和尚語錄》卷 13，《嘉興藏》冊 34，第 B299 號，頁 189 上 23-28）「無念」即是「持戒」，則各種情境現前時，也能不被情理所障。當心不再攀緣，自然不會再添瑕痕，而能拋卻聖、凡兩路，證得佛道。

⓮ 當機：契合禪機或學人根機。又，宋・紹隆等編，《圓悟佛果禪師語錄》卷 8 云：「祖師心印直截當機，凜若劍鋒、明如皎日。」（《大正藏》冊 47，第 1997 號，頁 749 下 17-18）因此，當機乃是契合禪機之時，禪師以適合行者根性的說法使其得益或開悟。狹小門：出自姚秦・鳩摩羅什所譯之《妙法蓮華經・譬喻品》，以火宅比喻煩惱多的眾生世間：「三界無安，猶如火宅，眾苦充滿，甚可怖畏。」（《妙法蓮華經》卷 2，《大正藏》冊 9，第 262 號，頁

14 下 22-23）又云：「是舍唯有一門，而復狹小。諸子幼稚，未有所識。」（《妙法蓮華經》卷 2，《大正藏》冊 9，第 262 號，頁 12 中 25-28）此火宅僅有一門得以出入，故曰狹小門。漢月禪師即云：「此一宅而四面火起也，若悟得，就此翻身，何事不辦，故曰出狹小門。」（《三峰藏和尚語錄》卷 15，《嘉興藏》冊 34，第 B299 號，頁 198 上 19-20）

4

發憤

　　所謂發憤,就是勉勵行者要精進。漢月禪師說:「精進,在憤然忿然處。」❶聖嚴法師也有解釋:「大憤心——即是大精進心,此係從大慚愧心引起,自覺業重、障多、善根淺、福薄無智,……唯有發了大憤心,始能克服一切心身的障礙,不再擔心一切的痛苦,不再驕縱自己、原諒自己,而把心力專注在所修的方法上。」❶

· · · · ·

生死門頭好放拌,❶ 一條血刃❶耀人寒;
者回突入重關去,❶不斬樓闌不下鞍。❷

⑮ 《三峰藏和尚語錄》卷5，《嘉興藏》冊34，第B299號，頁149中8。

⑯ 《禪的體驗‧禪的開示》，《法鼓全集》第4輯第3冊，頁124-125。

⑰ 門頭：原為守門僧之職稱，這裡的「生死門頭」即指「生死關頭」，如宋‧慧霞編、廣輝釋，《（重編）曹洞五位顯訣》卷3云：「僧問疎山……云：『如何是門頭一句？』師云：『奧來出世邊事。』云：『既是出世邊事，為什麼喚作門頭？』師云：『諸佛是傳語人，祖師是把門漢，不是門頭一句，是什麼？』」（《新纂卍續藏》冊63，第1236號，頁211上7-11）又如《無明慧性禪師語錄》：「上堂云：去聖時遙，人多懈怠。逆則生瞋，順則生愛。不瞋不愛，東海剪刀，西番布袋。解脫門頭緊著關，休誇鋪席無人買。」（《新纂卍續藏》冊70，第1378號，頁113上15-17）拌ㄆㄢ：捨棄一切、豁出去。此處乃指捨棄一切，包括生命都願意豁出去的意思。

⑱ 血刃：指殺活自在的金剛王寶劍，也就是話頭。參話頭就像拿起金剛王寶劍，能斬斷妄念、殺去煩惱，繼而見到本就具有的智慧佛性，彷彿大死一番後的重生。如聖嚴法師說：「禪宗有句話：『殺人刀，活人劍。』而且殺活自在！殺人的煩惱，活人的智慧。」（《禪的生活》，《法鼓全集》第4輯第4冊，頁132）又說：「參話頭就像手握智慧劍，一把金剛寶劍，能斬除妄想執著。」（《虛空粉碎──聖嚴法師話頭禪法旨要》，臺北：法鼓文化，2011年，頁99）

⑲ 者：即「這」。重關：原指險要的關塞，在此用來比喻悟道的難關。於禪宗，開悟有三個階段：初關、重關、末後關。由參話頭引

出無漏慧，並由無漏慧明自本心、見自本性，名為「初關」；以無漏慧對治煩惱，到煩惱伏而不起現行，則名「重關」；至煩惱淨盡，任運無功用時，始透「末後關」。

❷ 斬樓闌：「闌」應為「蘭」，此語出自西漢，乃指西漢使節傅介子斬殺勾結匈奴的樓蘭王安之史實。如漢‧班固，《漢書‧昭帝紀》卷 7 中記載：「平樂監傅介子持節使，誅斬樓蘭王安，歸首縣北闕，封義陽侯。」（收錄於《文淵閣四庫全書》冊 249，上海：上海古籍出版社，2003 年，頁 129）後來此典故被唐代詩人用來借以抒發心境，而廣泛運用於詩歌中，並以斬樓蘭作為出征塞外殺敵立功的比喻，如王昌齡的〈從軍行〉：「黃山百戰穿金甲，不破樓蘭終不還。」 在此，則是比喻行者發憤用功的決心。

5

去我

　　一般人根深柢固地認為,有一個「我」存在,我們學習禪修,就是要去除這種「我執」。而去除執著的方法,應先遠離名相,如《大般若波羅蜜多經》云:「若離名相,即是平等;若法平等,即無執著。」❷¹聖嚴法師也說:「學習禪法的人應該知道,必須離開文字相、分別相、語言相,才能真正悟道。」❷²又說:「觀察一切的東西,先僅有相,相是因緣和合而成的,名是標示所有因緣和合而成的事物的一種符號。《金剛經》稱:『凡所有相,皆是虛妄。』相既是虛妄,何況是由相而起的名呢?」❷³因此,在初學禪修時,不可依賴文字語言去理解,而應遠離人我名相,老實修行,這樣才有可能離開煩惱與執著,出現真正的智慧。

・・・・・

　　憎愛關頭直截平,❷⁴不知爾我為誰名;
　　放教❷⁵氣息通身盡,呼馬呼牛總不應。

㉑ 唐・玄奘譯，《大般若波羅蜜多經・法性品》卷 569，《大正藏》冊 7，第 220 號，頁 938 上 29- 中 1。
㉒ 《聖嚴法師教話頭禪》，《法鼓全集》第 4 輯第 17 冊，頁 253。
㉓ 《佛教入門》，《法鼓全集》第 5 輯第 1 冊，頁 153。
㉔ 若能放下愛憎對立的界限，擺脫人我愛憎的煩惱，即能產生智慧。如聖嚴法師云：「順與逆是相對的，因為有所喜歡就一定有所不喜歡，喜歡之物得不到就變成不喜歡。這種衝突的心態對於平常人是病，對於修行人更是大病。因此，我們在修行的過程中不但要認清它，更要治療它；毛病消失時，便是見道處。」（《心的詩偈──信心銘講錄》，《法鼓全集》第 4 輯第 7 冊，頁 21）
㉕ 放教：使、令。金・元好問，《滿江紅・嵩山中作》：「暫放教老子據胡床，邀明月。」

6

絕情

　　此偈以海水、波浪等為喻,當我們隨境而轉產生了情,雖只是一滴,也足以攪動大海而掀起煩惱波浪。如《六祖大師法寶壇經》云:「貪欲是海水,煩惱是波浪,毒害是惡龍,……去貪欲,海水竭;煩惱無,波浪滅;毒害除,魚龍絕。」❷因此,我們在修行的時候,就要像食龍的金翅鳥一般,劈開情緒的波瀾,到海水的最底,將毒害挖出,將情絕斷,最後才能回歸本性,見到本就具足的佛性。

・・・・・

漂沉生死只緣情,一滴滔天白浪生;
真是攫龍金翅鳥,劈開深水下東瀛。❷

㉖ 《六祖大師法寶壇經》,《大正藏》冊 48,第 2008 號,頁 352 中 12-16。

㉗ 攫ㄐㄩㄝˊ:乃指鳥獸用爪捕取獵物,比喻強力的奪取。在《長阿含經》中提到,金翅鳥乃以龍為食,其取食方法,是從樹枝飛下,以翅搏大海水,海水被劈開至兩側時,取龍食之。(詳見《長阿含經・龍鳥品》卷 19,《大正藏》冊 1,第 1 號,頁 127 上 27- 下 28)東瀛:此處乃指東海。如明・何景明撰,《大復集》卷 28:「試問東瀛海邊住,何如金明池上遊。」(收入《文淵閣四庫全書》冊 1267,上海:上海古籍出版社,2003 年,頁 246)

7

絕理

　　本偈以阿難為例告訴我們,真正的修行在力行,不可落入理論思維,否則即使讀得再多也沒有用,不如好好地修習無漏業,以遠離世間憎愛之苦。漢月禪師說:「開悟在自心,非關文字、語言、道理、覺照可到得也。何故?纔有理路、纔可講說,皆落有無生死皆不堅固。故欲明無上菩提所貴,參須實參,悟須實悟,此處得力,方乃受用得著。」❷⁸聖嚴法師也說:「佛法分成兩部分:一種是按理論講說的,一種是要身體力行的。僅僅知道理論是不夠的。」❷⁹又說:「有許多人理論懂得很多,遇到麻煩事,就是用不上力。」❸⁰這就如同阿難雖以多聞第一,但仍無法遠離摩登伽女之難,若不是佛陀宣說神咒、勅命文殊菩薩救護,將難以遠離憎愛之苦。因此,參禪不應偏重於理論思維,應力行實修。

. . . . .

　　絲毫理路即攀緣,慶喜曾經墮梵天;❸¹
　　不是頂門心佛咒,如何到得世尊前。❸²

❷⓼ 《三峰藏和尚語錄》卷16,《嘉興藏》冊34,第B299號,頁203上20-23。

❷⓽ 《禪的體驗‧禪的開示》,《法鼓全集》第4輯第3冊,頁312。

❸⓪ 《禪鑰》,《法鼓全集》第4輯第9冊,頁173。

❸① 理路:指以思維論理。如《三峰藏和尚語錄》卷14:「山僧二十年來所邁(ㄍㄨㄞˋ,遇見),士大夫留心此道者,頗多功行理路,從明白處推測,並無從向上頂門無眼處問著、求箇出脫者。」(《嘉興藏》冊34,第B299號,頁191上30-中5)禪修時若落入思維,即為攀緣。慶喜:指阿難。這裡有個出處,最早出自《佛說摩鄧女經》。摩鄧女初見阿難,即愛上已出家的阿難而癡纏,甚至請母親以咒語蠱道縛住阿難,所幸為佛陀所救。佛陀對摩鄧女說,若剃髮出家,就讓阿難作她丈夫,於是她剃髮出家,在與佛陀的對話中,證得阿羅漢果。(參見後漢‧安世高譯,《佛說摩鄧女經》,《大正藏》冊14,第551號,頁895上3-下13)

❸② 《楞嚴經》中提到,摩登伽女(即摩鄧女)以梵天咒將阿難攝入婬席,戒體將毀時,佛陀光從頂出,徧照百界,宣說〈楞嚴神咒〉,並勅文殊菩薩救護歸來。阿難見佛頂禮悲泣,自恨一向多聞,未全道力,而祈請佛陀開示欲成佛道之最初方便「奢摩他(śamatha)」、「三摩地(samādhi)」、「禪那(dhyāna)」。(參見唐‧般剌蜜帝譯,《大佛頂如來密因修證了義諸菩薩萬行首楞嚴經》卷1,《大正藏》冊19,第945號,頁106下9-18)

8

絕善惡

　　凡夫滯於兩邊,因有善、惡等分別心就有了對立。例如,當行者想要追求佛性時,佛性是一物,而追求佛性的行者也是一物,如此已經把自己和佛性對立,這樣的二分法有了「兩邊」,自然就無法統一。聖嚴法師曾提到:「〈信心銘〉教人修行的方法,平等、不二就是修行用功的起點。」又說:「修行時不能抱著追求『一』或『無』的意念,不要存有『我要把心統一』、『我要把心粉碎』的念頭,因為有取有捨便離開了修行之道。應該只是單純地用方法。」❸

. . . . .

六道分岐滑似油,只緣兩路❹定沉浮;
不信但看明上座,掉頭何等不風流。❺

❸ 《心的詩偈——信心銘講錄》,《法鼓全集》第4輯第7冊,頁33、35。

❹ 兩路:指分別、無分別兩頭。聖嚴法師曾就「不思善、不思惡」說明:「這就是禪的修行法,所著重的是盡己之力,精進不懈地修行。不為目的、不求悟境、不期待解脫、不為出三界、不為成佛,到經常不思善、不思惡的程度,不僅沒有善、惡二法的對立,連一法也不成立。思善、思惡,有善、有惡,最多只能成為小乘羅漢,多半是生到天上去。如果修到不思善、不思惡的程度,就沒有分別心的存在,只感受到『處處都是華藏界,無處不是佛淨土』。禪的修行方法是從『思善、思惡』下手,然後漸漸地達到『不思善、不思惡』的境地。」(《拈花微笑》,《法鼓全集》第4輯第5冊,頁91)

❺ 風流:指流風遺韻、風化流行。如《三峰藏和尚語錄》卷4:「鬧浩浩處鬧浩浩,冷湫湫處冷湫湫,若得二途俱不涉,不風流處也風流。」(《嘉興藏》冊34,第B299號,頁142中16-17)此處有一個典故,明上座即是指聽聞五祖弘忍大師(602-677)將衣鉢傳給六祖惠能大師(638-713)後,追六祖大師至大庾嶺的惠明禪師。當時惠明禪師表示自己是為法而來,於是六祖大師現身並詢問惠明禪師,不思善也不思惡時的本來面目為何?惠明禪師聽了,當下了悟佛性。如宋‧宗紹編,《無門關》卷1云:「祖云:『不思善、不思惡,正與麼時,那箇是明上座本來面目?』明當下大悟。」(《大正藏》冊48,第2005號,頁295下26-28)

9

絕簡點

簡點,乃是檢點、察別的意思。本偈在提醒我們對於順逆境不要去檢視或陷入分別思量。例如禪修時,不要去檢點分別每支香坐得如何,就算前面坐了支好香,也別去揣摩期待下支香能重現前面好的經驗。聖嚴法師提到:「不能用揣摩心、計較心、分別思量心來達成目的。」㊱又說:「如何見『道』?要參話頭。但是絕對不能夠用揣摩心、計較心去思考、解釋,或做邏輯的推敲。」以及「不要等待、不要安排,只要用功地參話頭,因緣成熟的時候,自然就會開悟。」㊲

・・・・・

從來不做虧心事,夜半敲門不喫驚;
若更佇思㊳看逆順,太平草木盡成兵。㊴

㊱ 《聖嚴法師教話頭禪》,《法鼓全集》第 4 輯第 17 冊,頁 269。
㊲ 《聖嚴法師教話頭禪》,《法鼓全集》第 4 輯第 17 冊,頁 270。
㊳ 佇思:沉思、凝思,此指陷入分別思量。
㊴ 不論是生活、修行,乃至周遭環境,一定有順境也有逆境,但不要因它是好是壞而或喜或怒。如聖嚴法師所述:「所有一切所接觸到的,都不要厭惡,要接納。如果修行時還存著離苦得樂之心,期盼能夠開悟,這都墜入了『二見』。必須離開苦樂、愛瞋等二見,一心用功,否則一生起喜歡不喜歡、厭惡不厭惡、丟掉不丟掉的念頭時,就已經悖離修行的方法了。……因此,不要讓外境來分我們的心,如果心為境轉,根本無法修行。」(《心的詩偈──信心銘講錄》,《法鼓全集》第 4 輯第 7 冊,頁 51-52)

10

絕修證

《首楞嚴義疏注經》云:「理絕修證,事存階漸。」❹雖然修行方法有次第可循,但是,若參禪時還在隨時衡量自己可能已修到了何種地位,這樣的態度,就算修到驢年都難以見性。❹ 如聖嚴法師所述:「盡量順著自性、佛性,讓自性、佛性顯現出來。很多人以為『打坐可以開悟,修行可以成佛』,修行一輩子,成天就想開悟成道,這種人若真的開悟成道,一定是入了邪道,而不是真正的佛道。……一想到成功,其實已失敗了,因為修行人最後要像《心經》所說的:『無智亦無得。』」❷

・・・・・

清晨禮佛把香燒,飯後閑須遶數遭;
門外忽逢王阿大❸,殷勤陪送說前朝。❹

❹ 宋·子璿集，《首楞嚴義疏注經》卷 1，《大正藏》冊 39，第 1799 號，頁 824 上 27-28。

❹ 如元·中峰撰述，《天目中峰廣錄》卷 17 云：「叅（參）禪絕修證，生死那伽定。三有金剛圈，｜虛大圓鏡。徧界淨法身，極目真如性。動著一毛頭，驢年會相應。」（《補編》冊 25，第 145 號，頁 883 中 6-8）

❷ 《心的詩偈──信心銘講錄》，《法鼓全集》第 4 輯第 7 冊，頁 89。

❸ 阿大：指子女中排行最大者。這裡的王阿大，不指涉任何特定的人。

❹ 本偈是說：真正的禪就在日常生活中，從行住坐臥乃至與鄰居問候，只要沒有失了方法，則無一不是禪的體現。如大慧禪師所述：「昔魏府老華嚴云：『佛法在日用處，行住坐臥處、喫茶喫飯處、語言相問處、所作所為處，舉心動念，又却不是也。』」（宋·蘊聞編，《大慧普覺禪師語錄》卷 26，《大正藏》冊 47，第 1998A 號，頁 923 下 8-10）

11

近知識

　　所謂近知識,是要行者勤於參學。此偈以大慧禪師參謁圓悟禪師的例子來教導我們,修行時若不像大慧禪師一般,聽從湛堂禪師的推薦去參謁圓悟禪師,而只是自修自練,沒有明師的指導,那麼恐怕就算歷時三大阿僧祇劫,也難以證得自性。

・・・・・

湛堂顧命付雲門,要了須參佛果勤;❹
不向迅雷行處薦,❻ 三僧祇劫下功勳。❼

㊺ 此處的雲門指的是大慧宗杲禪師,佛果勤則是指他的老師圓悟克勤禪師(1063-1135)。這裡有一個典故,大慧禪師曾經依止湛堂文準禪師(1061-1115),後來湛堂禪師病重,大慧禪師就向湛堂禪師請示未來應依附誰,湛堂禪師告訴大慧禪師,去參見圓悟禪師,必能助其了卻生死大事。如《大慧普覺禪師宗門武庫》卷 1 云:「後湛堂疾亟。問曰:『和尚若不起此疾,教某依附誰可以了此大事?』曰:『有箇勤巴子,我亦不識他,爾若見之,必能成就此事。』」(《大正藏》冊 47,第 1998B 號,頁 953 中 22-24)

㊻ 此處的「迅雷」呼應前二句,形容圓悟禪師的禪風殺活自在,以迅雷一擊令學人直下體證自性。故,迅雷行處即是指善知識。薦:薦取、領略之意。

㊼ 僧祇:梵語 asaṃkhya,表示極大或不可數之數。又作阿僧祇、阿僧企耶、阿僧伽。劫:乃是時之別稱。因此,阿僧祇劫意指無數長的時間。

12

受鍛鍊

　　修行如同煉鐵一般，需反覆打磨鍛鍊，以去除無始以來的煩惱習氣。《四十二章經》云：「佛言：夫人為道，猶所鍛鐵漸深，棄去垢，成器必好。學道以漸深，去心垢，精進就道。」❹❽漢月禪師也說：「話頭拌命疑去，久久不懈，日親師長，一椎鍊就，或有未了，漸漸鍛鍊，以了為期。」❹❾鐵匠鍛鐵去垢，是為了去除鐵中的渣滓，使其愈益精純。參禪也是，唯有不斷地用方法，反覆鍛鍊，才能消融掉根深柢固的煩惱妄想，讓智慧顯現。

・・・・・

　　習惑從來不自知，隱人胸次法如絲；❺⓿
　　須向紅爐難下處，百千炮煮百千椎。❺❶

❹ 後漢・迦葉摩騰等譯，《四十二章經》卷1，《大正藏》冊17，第784號，頁723下18-19。

❹ 《三峰藏和尚語錄》卷6，《嘉興藏》冊34，第B299號，頁154上5-6。

❺ 習，指習氣，源自梵語 vāsanā，又作煩惱習、餘習，略稱習。惑即是煩惱，如貪念、瞋恚、愚癡等。自性本來清淨，只因妄見起了煩惱，而造了身口意等業，又由於經過長期積累，導致成了難以改變的習性與意向，此即為習惑。胸次：胸間，也指胸懷之意。這二句的意思是，習惑如髮絲般微細且深入地纏覆著我們，我們卻不自覺。如唐・地婆訶羅譯，《大乘密嚴經・妙身生品》所云：「種子賴耶識，諸習所纏覆。」（《大正藏》冊16，第681號，頁728下21）

❺ 炮ㄆㄠ：將食物放在鍋中，置於旺火上迅速攪拌的烹調方式。椎ㄔㄨㄟˊ：搥打、敲擊之意。此處關於入「紅爐」反覆鍛鍊之典故，有一個出處，宋真宗大中祥符年間，駙馬李遵勖（988-1038）作了二句頌：「學道須是鐵漢，著手心頭便判。」他的朋友朱正辭、許式，二人共和了後兩句：「雨催樵子還家，風送漁舟到岸。」又請浮山法遠禪師（991-1067）作頌和之：「學道須是鐵漢，著手心頭便判；通身雖是眼睛，也待紅爐再煆（鍛）。」（詳見《大慧普覺禪師宗門武庫》卷1，《大正藏》冊47，第1998B號，頁951下23-頁952上4）法遠禪師偈中的「眼睛」，乃指禪者觀照事物真相的法眼。

13

看話頭

　　漢月禪師所說的「看話頭」❺²,乃是「公案禪」的另一個名稱,起源於大慧宗杲禪師,也叫作「看話禪」,它的目的是看公案中的主題內涵,而不是看公案的內容,在沒有親自悟透之前,公案只是一種工具,悟透之後才能體現它的精神。❺³在看話頭的時候,不要對它註解、分析或思量,因為用知識上的推理並沒有用,《大慧普覺禪師語錄》云:「只就這裏看箇話頭。僧問趙州(趙州從諗禪師,778－897):『狗子還有佛性也無?』州云:『無。』看時不用搏量、不用註解、不用要得分曉、不用向開口處承當、不用向舉起處作道理、不用墮在空寂處、不用將心等悟。⋯⋯如咬生鐵橛沒滋味時,切莫退志。」❺⁴虛雲德清禪師(1840－1959,以下稱虛雲和尚)也曾提示看話頭的方法:「初是看話頭,甚至於要咬定一個死話頭,教你咬得緊緊,剎那不要放鬆⋯⋯目的在以一念抵制萬念。」❺⁵

空腹還吞熱鐵團，❺❻四天無路不中安；❺❼
忍將三寸孃生氣，憤出骷髏迸腦乾。❺❽

---

❺❷ 《三峰藏和尚語錄》卷 13 云：「故祖師家，翻出箇看話頭、起疑情做工夫法子，令人把古公案，或問頭、或答語，剪取一則半則，蘊在胸中，把兩端意識一截，截斷便去不得，去不得不是了手，政（正）向了不得處，發起勇猛，忽然情見斷絕，猛地撞著，一聲、一色、一語、一默、一棒、一喝，頓明出身路子，再不重來向生死過日，此名快活人。」（《嘉興藏》冊 34，第 B299 號，頁 185 上 28- 中 3）

❺❸ 參見《禪的體驗・禪的開示》，《法鼓全集》第 4 輯第 3 冊，頁 95。

❺❹ 《大慧普覺禪師語錄》卷 21，《大正藏》冊 47，第 1998A 號，頁 901 下 21- 頁 902 上 5。

❺❺ 岑學呂編，《虛雲和尚法彙》，臺北：中華大典編印會，1969 年，頁 155。

❺❻ 空腹還吞熱鐵團：禪師常以抱著熱鐵團或含著熱鐵團，來形容參話頭時的情形，就彷彿是空腹飢餓之時，含了顆熱鐵團在口裡，吞也不是，吐也不是。如《大慧普覺禪師語錄》卷 17：「須是行也提撕、坐也提撕。喜怒哀樂時、應用酬酢時，總是提撕時節。提撕來提撕去，沒滋味，心頭恰如頓一團熱鐵相似。」（《大正藏》冊

47，第 1998A 號，頁 886 上 10-13）又如宋・正受編，《嘉泰普燈錄》卷 8 云：「盡乾坤大地是箇熱鐵團，汝等諸人向甚麼處下口？良久，曰：吞不進，吐不出。」（《新纂卍續藏》冊 79，第 1559 號，頁 339 上 19-21）

❺ 四天無路不中安：指四面八方皆無路可去，連中間也不得安住。

❺ 三寸：指舌。孃ㄋㄧㄤˊ：煩擾也。（見漢・許慎撰、宋・徐鉉校定，《說文解字》卷 12，臺北：中華書局，2003 年，頁 264）憤：發。漢・劉安撰、高誘注，《淮南子》卷 19：「憤於中則應於外。」（臺北：中華書局，1983 年，頁 5）迸ㄅㄥˋ：涌出；噴出。

14

勤問話

　　上一偈提到,要咬定一個話頭好好地參,這一偈則在說明行者也應勤於參請問話。漢月禪師認為,此二者應並重且反覆參、看,《三峰藏和尚語錄》云:「復有看話頭而不肯參請者,又有執參請而不看話頭者,皆偏枯也。何不向話頭疑處著箇參請,參請疑處反覆自看,如此參、如此看,兩路夾攻,不愁不得。」❺❾有些人雖咬定一個話頭,但遇到疑處也不參問;有些人只知到處參謁大師,卻未回到腳下認真實修,這都是偏頗的作法,修行不容易進步。

・・・・・

無心死水話頭遲,悶處逢師急問之;❻⓿
鐵鎖銅關敲斷後,始知參請占便宜。❻❶

❺❾ 《三峰藏和尚語錄》卷 7,《嘉興藏》冊 34,第 B299 號,頁 160 上 25-27。

❻⓪ 死水:形容不動不覺如同死水一般,指行者雖參話頭卻不疑。如:《圓悟佛果禪師語錄》卷 8 云:「動則影現,覺則冰生。不動不覺死水裏平沈,既動既覺未免傷鋒犯手。到這裏且作麼生舉唱?且作麼牛為人?」(《大正藏》冊 47,第 1997 號,頁 751 上 14-16) 悶處:指疑義處。前二句指出,看話頭不疑、疑而不問兩種情形均有過失,應於疑處參問、參請後再看。

❻❶ 鐵鎖銅關:形容禪師之鍛鍊峭拔,幫助學人將彷如銅關鐵壁的狀態打破。參請:拜見請益,乃指弟子向老師請問並受教。這二句乃指學人在突破了鐵鎖銅關般的枷鎖,才明瞭參請時老師所應機給予的幫助。

15

莫妄答

　　參禪時須時時提起話頭,但千萬不要將古德的公案分門別類地分析,或去推測答案。對此,漢月禪師指出學人之弊病:「今人不曾見人開發,但將一箇話頭在肚皮裏念,見神見鬼,種種祥瑞,極是可笑;又有一種,學箇口頭機鋒,要人唱和一上,人不肯他,他便拂袖去,道:『機鋒也不會。』」❷又如聖嚴法師所述:「參話頭時,當下要把握的,是隨時隨地將心安住在話頭的方法上,抱著一句話頭不斷地參。不要自己給答案,而是向這句話頭找答案。因為不需要思考,只是持續地問下去。」❸

・・・・・

　　當機捸著莫䟏徊,下語須曾會得來;❹
　　莫學今時油滑輩,便將狗口向人開。❺

❷ 《三峰藏和尚語錄》卷 7，《嘉興藏》冊 34，第 B299 號，頁 161 中 22- 25。
❸ 《聖嚴法師教話頭禪》，《法鼓全集》第 4 輯第 17 冊，頁 62。
❹ 拶ㄗㄚ：逼壓之意，這裡乃指禪師的逼拶手段。衹徊：徘徊流連之意，這裡指情感或思緒的盤旋往復。下語：給出機語。宋・惠洪撰，《禪林僧寶傳》卷 12 云：「所以雲門誡曰：『大凡下語如當門劍，一句之下，須有出身之路。若不如是，死在句下。』」（《新纂卍續藏》冊 79，第 1560 號，頁 516 中 19-21）會：體會，指真實的體驗。
❺ 狗口：禪師常用於對多辯者的警告語。此偈是說，當有契合之禪機時更要逼著，不可流連於過去的知識見解而賦予話頭任何意義，或隨便給予答案，應要有實際的體悟後才給出機語。千萬不可犯漢月禪師所說的那般弊病。

16

便要徹

　　所謂「徹」，乃緊密之意。禪師們在提到參禪的方法時，或以「貓補鼠」譬喻，或以「雞孵蛋」形容，漢月禪師則認為，參話頭應像是貓捕鼠般。《博山禪警語》云：「做工夫舉起話頭時，要歷歷明明，如貓捕鼠相似。古所謂不斬黎奴誓不休。不然則坐在鬼窟裡，昏昏沉沉過了一生，有何所益？貓捕鼠，睜開兩眼，四腳撐撐，只要拿鼠到口始得。縱有雞犬在傍，亦不暇顧。參禪者亦復如是，只是憤然要明此理，縱八境交錯於前，亦不暇顧。」❻

・・・・・

　　不是工夫要久長，話頭綿密是災殃；
　　冤家撞著便當死，拌命和他戰一場。❼

❻❻ 明・成正集,《博山禪警語》卷 1,《新纂卍續藏》冊 63,第 1257 號,頁 756 下 4-9。

❻❼ 工夫:工夫或作功夫,這裡乃指用話頭參禪。前兩句是說,做工夫若如「雞孵卵」般,雖然久長綿密地抱著話頭,卻容易十寒一暴不易觸發。後兩句指出,做工夫應如「貓捕鼠」,彷彿二個冤家相見隨時準備拚搏般專汋盯著。《三峰藏和尚語錄》卷 5 云:「如今最要緊者,在做工夫。做工夫之說極多,如貓捕鼠最喻得好,古人曰:『子見貓捕鼠乎?目睛不瞬,四足按地,諸根順向,首尾一直,擬無不中。』若是如雞伏卵喻即有弊,只為他把者一句話頭綿密抱定,止得十寒一暴,未易觸發。直須如貓捕鼠,直下見鼠打箇筋斗不容走作始得。」(《嘉興藏》冊 34,第 B299 號,頁 148 下 23-28)

17

少打坐

　　漢月禪師曾舉唐代南嶽懷讓禪師（677－744）以「磨磚無法成鏡」，提點弟子馬祖道一禪師光是久坐無法成佛的道理。❽漢月禪師認為，禪在行住坐臥中，並不是光坐在那裡就是精進，反而容易昏散而停滯不前。他說：「不得執著久坐，坐久則心細而弱，疑情必不猛烈。」❾又說：「發猛坐香，身覺安妥，用心漸微，疑情益弱，坐在安樂窟裏。直須于未安貼時，即便起立，立之未久即行，行行再坐，則精神不倦不昏，不致凝滯沉相中，自然轉轆轆地，若動若靜，都有激烈氣象，此又不在以坐為勤也。」❿打坐時若是昏散，不如起來，或立或行，才能圓轉自在。

・・・・・

悟機原在四儀端，莫把形骸博世觀；⓫
冷坐悟遲身易病，日隨昏散費盤桓。⓬

❻❽ 《三峰藏和尚語錄》卷 7：「人天最勝大事未明，有何用處？馬祖坐禪謂之『磨磚作鏡』，牛頭神供謂之『臭肉來蠅』，皆因心法未忘，用心混雜。」（《嘉興藏》冊 34，第 B299 號，頁 159 中 30- 下 2）

❻❾ 《三峰藏和尚語錄》卷 7，《嘉興藏》冊 34，第 B299 號，頁 160 上 12-13。

❼⓿ 《三峰藏和尚語錄》卷 7，《嘉興藏》冊 34，第 B299 號，頁 160 下 11-15。

❼❶ 四儀：指行、住、坐、臥。博：獲取、換取之意。

❼❷ 盤桓：徘徊逗留之意。如唐・李善注，《文選注》卷 45：「爾雅曰：盤桓，不進也。」（見《文淵閣四庫全書》冊 1329，上海：上海古籍出版社，2003 年，頁 789）

18

莫習靜

漢月禪師提醒行者,不可自以為坐得很安定快活,就更精勤地習靜,這樣愈坐愈深,容易失了疑情。他說:「終日坐在死光影中,自謂快活,便爾精勤習靜,恐怕失了者些好處,愈入愈深,不知不覺,話頭懶去鞭逼。所謂:『不疑言句,是為大病。』若便坐,此謂之寒巖枯木,死水不藏龍。」❽六祖大師稱這種耽逸於空心靜坐的狀況為「無記空」。❾學人參禪打坐時,切勿陷入輕昏或沒有疑情的「冷水泡石頭」狀態。❿「冷水泡石頭」並不是在用功,雖然看起來穩如磐石,一坐就是幾個小時,但一旦到了鬧境中,就會被境所動。參禪應該要能夠運用到動中的環境,在動靜之中都能攝心。⓰

• • • • •

靜裏工夫最不堪,不生毛見定沉酣;
大豁雙眸隨事看,鬧樅樅處有真參。⓱

㊓ 《三峰藏和尚語錄》卷 7，《嘉興藏》冊 34，第 B299 號，頁 160 下 27-30。

㊔ 《六祖大師法寶壇經》卷 1：「若空心靜坐，即著無記空。」（《大正藏》冊 48，第 2008 號，頁 350 上 28）

㊕ 參見岑學呂編，《虛雲和尚法彙》：「這時候是一個大關隘，很容易跑入歧路：（一）這時清清淨淨無限輕安，若稍失覺照，便陷入輕昏狀態。若有個明眼人在旁，一眼便會看出他正在這個境界，一香板打下，馬上滿天雲霧散，很多會因此悟道的。（二）這時清清淨淨，空空洞洞，若疑情沒有了，便是無記，坐枯木巖，或叫『冷水泡石頭』。」（臺北：中華大典編印會，1969 年，頁 167）

㊖ 參見《禪鑰》，《法鼓全集》第 4 輯第 9 冊，頁 109-110。

㊗ 摐ㄔㄨㄥ：摐也通「摏」，有撞擊、擊打之意。此處的摐摐，形容其熱鬧喧騰。如明‧張溥輯，《漢魏六朝百三家集》卷 80：「屯兵冀馬，摐金沸地，鳴鞞聒天。」（《文淵閣四庫全書》冊 1414，上海：上海古籍出版社，2003 年，頁 446）這裡乃是提醒行者，不能只沉浸於靜處的安逸，即便是市井中敲鑼打鼓、鬧哄哄的動態氛圍中，也是修行的好環境。如聖嚴法師所說：「禪沒有山林和都市的分別，也沒有捨動取靜的趨向，所謂十字街頭好參禪。」（《學術論考》，《法鼓全集》第 3 輯第 1 冊，頁 83）又，《三峰藏和尚語錄》卷 7 云：「工夫何須執著死坐哉？又不得一向在靜處，靜慣則動中便失，亦不得一向在鬧處，鬧慣則靜中便有無限雜毛知見打攪。靜慣則怕鬧，鬧慣則怕靜，皆工夫之病也。必須靜中鬧中，任緣任事。」（《嘉興藏》冊 34，第 B299 號，頁 160 上 15-19）

19

勿墮工夫窟

在行者參禪工夫稍微入手後,漢月禪師進一步提醒大家,有些看似非常精勤用功、實則無益甚至有害的修行態度,要特別注意。例如有的人打坐時雖不昏散,卻不知不覺地陷於沉相中,出現許多玄妙幻象或聲音,還自我陶醉;有的人急於求悟,揣度經典或祖師語句,在知解上用功,那麼就算產生了些神通,也與生死大事無關。❼聖嚴法師說:「真正入了定的人,不會有幻覺與幻境。」❼又說:「《楞嚴經》裡說,凡是任何一種境界出現,不管是幻境還是幻覺,不管是你親眼看到、親耳聽到、親身感受到的,若當作聖境執著,就會著魔,當作幻覺則見怪不怪,其怪自敗。你才能夠繼續修行清淨的佛法。」❽因此,打坐時要保持覺照,時時提起話頭。若是求功心切,當五欲煩惱的念頭生起時,沒有立刻回到方法上,則容易產生幻覺,若隨境而轉,將幻境當作是證悟經驗,那就容易著魔,難以恢復。❽所以,除了時刻保持警覺,提起話頭,過程中不論出現令人貪愛或是心生恐怖的幻境,都要置之於度外,才是正確的禪修

方式。

　　　．．．．．．

　　　覺無昏散話常提，穩穩蒲團念不迷；㊆
　　　末法工夫真重病，自驅老象入深泥。㊇

㊆ 《三峰藏和尚語錄》卷7：「一者坐得安妥，不散不昏，寂然入于沉相中，目前如雪耀相似，話頭如逆水遊魚脫力，尾搖搖而身漸退縮，越退越沉，人來巡警，亦不知他是沉相，自己亦不知是退屈，目前便有許多作怪色相出現，耳中亦有許多聲音語言，或玄或妙，似夢似醒，若驚若喜，魔境佛境惑亂千岐，多致失心狂執。……一者急于求悟，廣生知解，將教乘極則語宗家玄妙句坐時盤桓一卜夜來辨論一番，明日又思索一遍，意在圖度，不知智門一開，悟門便塞，縱有開發，亦是依通，生死分上總無交涉，此誤以知解為勤所致也。」（《嘉興藏》冊34，第B299號，頁160下21-25）依通：指《寶藏論》中所述之有漏五通之一，乃依憑咒法或藥力所表現出來的神通。

㊇ 《學術論考》，《法鼓全集》第3輯第1冊，頁298。

㊈ 《聖嚴法師教禪坐》，《法鼓全集》第4輯第15冊，頁111。

㊉ 《禪門修證指要》：「有一輩好求奇蹟的人，在修行若干時日的禪定之後，由於求功心切，定境無法現前，悟境更無蹤影，卻仕幻覺與幻境中自我陶醉，例如自以為見光見花，見佛菩薩像，親見淨

土，聞佛說法，以及種種奇象異境。……由於他們以幻覺幻境為實際的證悟經驗，也可能招致一些外道鬼神的趁勢而入，利用他們的身心，真的發揮若干彷彿是宿命、天眼及放光、噴香等的神奇現象。」（《法鼓全集》第 4 輯第 1 冊，頁 6）

⑧² 覺：保持覺照，即不迷。上一偈提到打坐時要注意勿落入昏散或無記的狀態，這二句則進一步提醒學人要時時覺照，提起話頭。虛雲和尚即云：「到這時就要提，提即覺照（覺即不迷，即是慧；照即不亂，即是定），但不要像初時的粗提，要極微細微細，單單的的這一念，湛然寂照，如如不動，靈靈不昧，了了常知，如冷火抽煙，一線綿延不斷。」（岑學呂編，《虛雲和尚法彙》，臺北：中華大典編印會，1969 年，頁 167-168）

⑧³ 末法工夫：指參禪時執著於產生之一切聲色，如定境或幻覺等。如唐・裴休集，《黃檗山斷際禪師傳心法要》卷 1 云：「如今末法，向去多是學禪道者皆著一切聲色。」（《大正藏》冊 48，第 2012A 號，頁 383 中 17-18）聖嚴法師進一步解釋：「好多人看起來都好像是在學禪、學道，可是那些人都在執著『一切聲色』。聲是聲音，色是顏色、形式。『聲』有兩種意思：一者聽聞佛法，透過聲音尋求佛法；二者在打坐時，進入一種境界，聽到無限的聲音，如同宇宙之中有一種好像從遠古無始以來就存在的聲音，叫它天樂也可以，叫它永恆的天籟也可以，這是在禪定修持中才能體會到的。『色』也有兩種意思：一是用肉眼所見的現象、環境；二者不是肉眼所見的，即打坐時發生的種種幻景、幻象，見光、見花、見淨土、見天國、見佛菩薩、見種種莊嚴的形象、影像等等。……這裡說執著一切聲色，這聲色可以是粗淺的定境，也可能是神通或幻覺。」（《動靜皆自在》，《法鼓全集》第 4 輯第 13 冊，頁 152-153）

自驅老象入深泥：譬喻自甘耽溺於沉相、定境、知解、神通等枝末工夫，卻不自知退屈而深陷其中，終致無法自拔。如《方廣大莊嚴經》卷 6 云：「此處難越不能自出，猶如老象溺彼深泥。」（《大正藏》冊 3，第 187 號，頁 573 下 24-25）

20

勿立主宰

　　一般人深深相信有一個真實的「我」存在，之所以會執取有一個獨立的「我」，都是第七識的作用，《佛果圜悟禪師碧巖錄》云：「第七識末那識，能去執持世間一切影事，令人煩惱，不得自由自在，皆是第七識。」[84]這個第七識，為意識之根本，與貪、瞋、見、慢相應，恆常審察思量，執取第八阿賴耶識為我。[85]我們禪修若欲得力，切不可執取有一個可主宰支配的我，也不可執取這個自以為有我所認識的所有境界。若能斷除這種執取阿賴耶識的我執，自然能夠任運自然，參禪得力。

・・・・・

忘前失後好工夫，七識幾希主宰無；[86]
正是師承施巧處，莫教錯過自支吾。[87]

❽❹ 宋·雪竇頌古、圓悟評唱,《佛果圓悟禪師碧巖錄》卷 8,《大正藏》冊 48,第 2003 號,頁 206 中 14-16。

❽❺ 清·謝大材等錄,《為霖禪師雲山法會錄》卷 1:「第七末那識,此云染汙意,即六識之根也,以與我痴、我愛、我見、我慢,四惑相應,執第八阿賴耶識見分為自內我,一向內緣,眾生我執堅固,牢不可拔,根本在此。」(《新纂卍續藏》冊 72,第 1441 號,頁 679 下 7-10)

❽❻ 這裡的「忘前失後」,講的即是禪修要達到前後際斷的程度,其方法是滅盡第七識。聖嚴法師解釋:「前念沒有,後念沒有,佛學上的名稱為『前後際斷』,這是工夫的話。際是邊際、界線,有隔閡之意,前邊沒有,後邊沒有,連中間也沒有;如有中間,一定尚有前後。例如,因為我有身體,所以有我的前面和後面。念頭也一樣,現在有這一念,是從前邊來的,念頭滑過去,會成為下一念,這是前後際存在;如果前後際斷,時間不存在,空間也沒有了,那便是無我。」(《禪的生活》,《法鼓全集》第 4 輯第 4 冊,頁 59)幾希:一丁點、極少。《三峰藏和尚語錄》卷 14 云:「《宗鏡》亦曰,主宰是任持義,即我相,根本主宰是第七識,恆恆執我,不肯打失,打失即任運矣。」(《嘉興藏》冊 34,第 B299 號,頁 193 上 6-8)諸法乃是因緣和合而生,如西晉·聶承遠譯,《佛說超日明三昧經》卷 1 亦云:「七識無主。」(《大正藏》冊 15,第 638 號,頁 532 中 29)因此,並沒有一個恆常不變、獨立存在、具主宰能力的「我」。

❽❼ 工夫到了前後忘失的程度,仍還有自我意識存在,如聖嚴法師所述的三個層次:「1. 前念後念,念念都在同樣的一個念頭上,仍有念頭起滅,但卻不離相同的內容。2. 念頭不起不滅,無前無後,也無

時間與空間的感覺。事實上，此時尚有自我意識，也有空間時間，只是時空的感受沒有了。」（《禪的體驗・禪的開示》，《法鼓全集》第 4 輯第 3 冊，頁 255）又如《佛果圜悟禪師碧巖錄》卷 6 云：「宗師家為人須為教徹，見他不會，不免傷鋒犯手，只要教他明此事。所以道：『會，則途中受用；不會，則世諦流布。』馬祖當時若不扭住，只成世諦流布，也須是逢境遇緣，宛轉教歸自己。十二時中，無空缺處，謂之性地明白。若只依草附木，認箇驢前馬後，有何用處？看他馬祖百丈恁麼用，雖似昭昭靈靈，却不住在昭昭靈靈處。百丈作忍痛聲，若恁麼見去？遍界不藏頭頭成現。」（《大正藏》冊 48，第 2003 號，頁 188 上 9-18）支吾：對付；應付。這二句是說，即使學人的工夫已接近所謂「統一心」的程度，但仍有細微的我執存在，如聖嚴法師所云：「內外統一的下一步即是心念的統一，即停在一個念頭上，沒有前後念，此時既無內外，亦無身心，但這還不是禪宗的悟境。」（《心的詩偈──信心銘講錄》，《法鼓全集》第 4 輯第 7 冊，頁 105）此即圜悟禪師所述，不可只認個昭昭靈靈的為寶，而這時也正是禪師點撥學人的關鍵時刻，若錯過了，學人便會陶醉於微細的自我中。

21

疑情

　　《博山禪警語》云:「何謂疑情?如生不知何來,不得不疑來處;死不知何去,不得不疑去處。生死關竅不破,則疑情頓發。」❽聖嚴法師曾解釋:「疑情不是懷疑,乃是確信某一問題,是跟自己性命相關的,是對自己有大用大益的,只是不知道其原因何在?其內容如何?所以抱住不放,一直參問下去:『那是什麼?我立即要知道,我一定要知道,我不能不知道,那究竟是什麼?』這便是疑情。」又說:「緊緊把握住一句話頭,不用思想,不借外緣,不得間斷,不能疏忽,一直問下去,⋯⋯久久,工夫自然成片。」❾

‧‧‧‧‧‧

斷識還須用識心,❾⓪不隨明路逐漂沉;❾①
只緣一點難分剖,❾②疑到通身血迸淋。

❽❽ 《博山禪警語》卷 1，《新纂卍續藏》冊 63，第 1257 號，頁 756 上 15-17。

❽❾ 《禪的體驗‧禪的開示》，《法鼓全集》第 4 輯第 3 冊，頁 354、126。

❾⓿ 《博山禪警語》卷 2 云：「殊不知疑情發不起，皆是識心使然。」（《新纂卍續藏》冊 63，第 1257 號，頁 762 下 15-16）故，若欲發起疑情，當從斷除識心下手，如《三峰藏和尚語錄》卷 7 云：「一句話頭當下截斷意根，任是疑情急切，千思萬想亦不能，如此如彼有可著落，既無著落，則識心何處繫泊？令人于無繫泊處一迸，則千了百當可見，纔看話頭，則五蘊魔便無路入矣。」（《嘉興藏》冊 34，第 B299 號，頁 160 上 9-12）又云：「覺得身心安靜是色蘊，覺得便是受想行識蘊，此魔業也。若以此心意意識去學禪，是學魔耳，非學佛也。」（《三峰藏和尚語錄》卷 13，《嘉興藏》冊 34，第 B299 號，頁 186 中 21-23）

❾❶ 明路：乃指從意識思維所出來的答案。《三峰藏和尚語錄》卷 13 云：「只在去不得底所在，研之磨之，若有明路，又與抹過，再研再磨，千不是、萬不是，一旦聰明心盡，極力一諍，自然頓斷平生識路，當下自肯。」（《嘉興藏》冊 34，第 B299 號，頁 186 中 23-26）參話頭要在去不得處研之磨之，即如聖嚴法師所述：「如果你生起大疑，這些文字背後的源頭終會揭露答案。」（《虛空粉碎——聖嚴法師話頭禪法旨要》，臺北：法鼓文化，2011 年，頁 104）

❾❷ 指一句話頭的識心還在。

22

壁立萬仞

　　所謂壁立萬仞,乃是形容學人處在疑團的狀態。漢月禪師說:「橫來豎去,壁立萬仞,勿得二路。上著腳勿得中間,透去勿得退後,沉沒四面,去不得處,發大勇猛。眠不得、坐不得,要進進不得、要罷罷不得,盡力跳、盡力想,只是無可柰(奈)何。正在不柰(奈)何處,忽然一迸,団!原來是者(這)箇道理。」❽亦如聖嚴法師所述:「疑團,不是懷疑,而是很清楚地知道自己在問一個極嚴肅、極重大的問題,希望得到答案,卻又像是碰到了銀山鐵壁,無人回應,無下手處,但你確信,答案就在所參究的話頭之中,此時你的全部身心,乃至全宇宙都已被你投入你所參究的話頭之中,已無身心世界的內外主客之分,這就稱為疑團。」❾又云:「在禪法的訓練過程中,要使你不僅處於前無宿店後無村落的孤伶狀態,而且要使你感到面前是筆立萬仞的銅牆,背後是千丈懸崖的鐵壁。……唯有斷絕了一切的活路,你才肯放下人我是非等妄想分別,庶幾能與禪境相應。」❿

・・・・・

鳥飛不度目前高,百尺深潭腳未牢; ❾❻
驀地一聲雷送尾,打翻星斗出重霄。 ❾❼

---

❾❸ 《三峰藏和尚語錄》卷 13,《嘉興藏》冊 34,第 B299 號,頁 186 上 16-20。

❾❹ 《禪的體驗・禪的開示》,《法鼓全集》第 4 輯第 3 冊,頁 373。

❾❺ 《拈花微笑》,《法鼓全集》第 4 輯第 5 冊,頁 170。

❾❻ 「鳥飛不度」以及「百尺深潭」,都在比喻禪師的機鋒讓學人彷彿走進絕路,無有迴旋的餘地,如唐代的鏡清道怤禪師(868-937)曾對風穴延沼禪師(897-973)說:「鏡水秦山,鳥飛不度,子莫盜聽遺言。」(宋・李遵勗敕編,《天聖廣燈錄》卷 15,《新纂卍續藏》冊 78,第 1553 號,頁 488 中 24 下 1)又如宋・覺此編,《環溪惟一禪師語錄》卷 2:「寶峰不是鑿空架虛(虛),深溝高壘,盖(蓋)緣這裏無你揲(棲)泊處,無你摸索處。一潭湛如海,龍不許蟠;重關險似天,鳥飛不度。」(《新纂卍續藏》冊 70,第 1388 號,頁 381 下 13-15)

❾❼ 驀:忽然。此偈是說,禪師以嚴峻的鍛鍊手段,於關鍵時刻引導學人凝聚話頭的力量,以期衝破疑團而得以見性。如宋・祖慶重編,《拈八方珠玉集》卷 3 云:「宗師巴鼻,洪爐拋出銕(鐵)烏龜;衲子機輪,地覆天翻星斗轉。」(《新纂卍續藏》冊 67,第 1310 號,頁 6/6 中 5-6)「宗師巴鼻」,乃指禪師的道法、機鋒。「巴鼻」原指穿繩於牛鼻以引導之,指可以把握、著手之處。

23

懸崖撒手

「懸崖撒手」此語最早可見《圓悟佛果禪師語錄》,[98] 後來,南宋無門慧開禪師(1183-1655)針對外道問佛的公案有一個偈子:「劍刃上行,氷(冰)稜上走,不涉階梯,懸崖撒手。」[99] 對此,聖嚴法師有一番解釋:「若要頓悟禪法,必須放下一切;禪師協助弟子開悟,一定是用直截了當的頓悟法門;這就是教你在『不涉階梯,懸崖撒手』的當下,能夠頓斷我執,頓見佛性。」又說:「如果工夫成熟,退轉一步都是活路可以開悟,向前一步懸崖撒手也可以開悟。」[100] 也就是說,在前面階段以壁立萬仞的手段逼得緊時,若功夫已用上,這時直下如懸崖撒手放下一切,反倒能夠衝破疑團。

・・・・・

攀躋不住突然翻,千里黃河徹底渾;[101]
颺盡皮毛和骨節,[102]更無消息向君論。[103]

❾❽ 《圓悟佛果禪師語錄》卷 13:「直下如懸崖撒手,放身捨命。捨却見聞覺知,捨却菩提涅槃真如解脫,若淨若穢一時捨却,令教淨裸裸赤灑灑,自然一聞千悟,從此直下承當,却來返觀佛祖用處,與自己無二無別。」(《大正藏》冊 47,第 1997 號,頁 773 中 9-13)

❾❾ 《無門關》卷 1,《大正藏》冊 48,第 2005 號,頁 297 中 1-2。

❿⓿ 《公案一〇〇》,《法鼓全集》第 4 輯第 12 冊,頁 149-150、165。

❿❶ 渾:純,無雜質。如明・宋濂等撰,《元史》卷 166 云:「鍛渾鐵爲鎗,重四十餘斤。」(見《文淵閣四庫全書》冊 295,上海:上海古籍出版社,2003 年,頁 256)在此引申為清純、清澈之意,如宋・慧南重編,《石霜楚圓禪師語錄》卷 1 云:「宗師憫物垂緇素,北地黃河徹底渾。」(《新纂卍續藏》冊 69,第 1338 號,頁 196 上 12-14)這二句是說,當學人能放下一切,頓斷我執,就彷彿向來混濁的黃河(「迷」),也能變得清透(「悟」)。

❿❷ 颺一ㄤˊ:簸ㄅㄛˇ揚之意,通常指去除穀物的外皮,在此指脫去意識分別,如明・道霈重編,《永覺元賢禪師廣錄》卷 7:「皮膚脫盡,惟一真實。」(《新纂卍續藏》冊 72,第 1437 號,頁 421 上 8)

❿❸ 更無消息向君論:禪宗以「斷消息」,形容斷盡一切塵情俗念與分別對立。本句意指全然放下思維意識、非思維意識言說可及,故無消息可通、無可說示。

24

斷命根

　　由過去世的業力，而有這一期生命。命根即壽體，能持暖（生理活動）及識（心理活動）。❶《大乘百法明門論註》云：「命根者，依業所引第八種上，連持色心不斷功能，假立命根耳。」❶「色心」對有情眾生而言就是身心，是眾生的根本，❶ 在此乃是指色法的物質現象以及心法的心理活動，在心中所留下的種種思想、觀念、分別、執著等。❶《雲峨喜禪師語錄》云：「握金剛王寶劍，截斷衲子命根。」❶ 又，《百法明門論纂》云：「以識住則命存，識去則命卸故。」❶ 因此，學人持續以話頭此金剛王寶劍，斬斷所有分別妄想與執著，則悟境就現前了。也就是說，要放下構成我們身心的四大和五蘊，以及無量劫來許多業識，放下「我」要斷煩惱、「我」要開悟的想法，放下執著業識中的「我」。❶

鏡光燈影逼天寒,⑪照徹森羅絕不干;⑫
不是渠儂言不會,要言思去也應難。⑬

⑩ 唐‧宗密撰,《圓覺經大疏釋義鈔》卷6:「以《俱舍》云:命根體即壽,能持煖及識故。」(《新纂卍續藏》冊9,第245號,頁596上18-19)
⑪ 唐‧玄奘譯,《大乘百法明門論註》卷1,《龍藏》冊149,第1629號,頁261上8-9。
⑫ 《神會禪師的悟境》:「『色心』是什麼呢?於《仁王經》卷上有提到:『色心是眾生根本。』色是有質礙形體的被知覺者,心是能知覺形質者,對諸法而言,稱為色心,對有情眾生而言,稱為身心。色是色法,心是心法,色心相對,能夠見聞聽知一切法。」(《法鼓全集》第4輯第14冊,頁46)
⑬ 《禪的世界》:「色法的物質現象,主要是指生理的肉體事實;心法的心埋活動,主要是一切語言、文字、形象等符號印象,在心中留下的種種思想、觀念、分別、執著。」(《法鼓全集》第4輯第8冊,頁33)
⑭ 清‧智恒等編,《雲峨喜禪師語錄》卷2,《嘉興藏》冊28,第B203號,頁195上17。
⑮ 明 廣益纂釋,《百法明門論纂》卷1,《新纂卍續藏》冊48,第803號,頁325中3-4。

⑩ 參見《虛空粉碎——聖嚴法師話頭禪法旨要》，臺北：法鼓文化，2011 年，頁 135-136。

⑪ 鏡光燈影：用來比喻一切現象的虛幻，如《金剛經演古》卷 1：「鏡中日中，隨形現像，妍醜無遁，行止有待，捉之不可，無體可得，惟息陰悟本，庶不為其所惑。不然，終在燈影子下行耳。」（《新纂卍續藏》冊 25，第 495 號，頁 565 上 22- 中 1）雖然看得到鏡光燈影所呈現出的境象，但它其實是虛幻的，聖嚴法師即云：「反映是外境本身的現象，起執就是內在煩惱的作用；既然只是反映，它沒有真正的動。如鏡中的像，水面的影，與鏡和水本身無關。」（《禪與悟》，《法鼓全集》第 4 輯第 6 冊，頁 335）這裡提醒行者，世間現象如夢、幻、泡、影般虛妄，切勿執取為恆常實體的存在。逼天寒：指以金剛寶劍、倚天長劍斬斷如鏡光燈影般虛幻的身心執著。如圓悟禪師所云：「不問有無言，言前立問端；兩邊俱坐斷，一劍倚天寒。」（《圓悟佛果禪師語錄》卷 18，《大正藏》冊 47，第 1997 號，頁 799 中 1-2）又如：「金剛寶劍倚天寒，外道天魔皆膽怯。」（《圓悟佛果禪師語錄》卷 19，《大正藏》冊 47，第 1997 號，頁 805 中 6）

⑫ 森羅：指森羅萬像。「森羅萬像」一詞出自《法句經》：「參羅及萬像，一法之所印。」（《大正藏》冊 85，第 2901 號，頁 1435 上 23）唐代的馬祖道一禪師云：「森羅及萬象，一法之所印。凡所見色，皆是見心；心不自心，因色故有。」（唐・道一述，《馬祖道一禪師廣錄》卷 1，《新纂卍續藏》冊 69，第 1321 號，頁 2 中 24-下 1）森羅萬像就是「色」，是一切的物質現象，是「心」的映照，「心」亦是身根攀緣塵境而生，這些都是虛幻不實的。這二句是比喻，以話頭金剛寶劍之利，劃破剎那生滅、虛幻不實的身心現象，不再受到外境的干擾，而能斷除命根，直到明見本性。

⓫ 渠：他；它。儂：我。這裡有一個典故，唐代的洞山良价禪師（807-869）參雲巖曇晟禪師（782-841），辭行時，問曇晟禪師，若有人在和尚捨報後，問他是否還能描繪出老師的樣貌，該如何應對。曇晟禪師只回答了：「祇這是。」當時洞山禪師不太理解，後來，因過水覩影，大悟其旨，而有偈云：「切忌從他覓，迢迢與我疎。我今獨自往，處處得逢渠。渠今正是我，我今不是渠。應須恁麼會，方得契如如。」又云：「如臨寶鏡，形影相覩；汝不是渠，渠正是汝。」（參見明・語風圓信等編，《瑞州洞山良价禪師語錄》卷1，《大正藏》冊47，第1986B號，頁520上12-頁526上2）水中、畫中、鏡中的影像，都是色心的虛幻映照，而不是真正的我，必須要超越幻相，才能真正見到佛性，而所體證的自性，是無法用言語思維表達的。

25

莫坐前後際斷處

　　所謂「前後際斷處」，即是一念不生時。❶到此階段，已快要初步破參，但仍屬於定的階段，聖嚴法師說：「定中是沒有你我他，也沒有空間和時間的；定是止於心念的一點，是不占時空位置的。因此，前後際斷，心行處滅，才是定。」又說：「如果前後際斷，時間不存在，空間也沒有了，那便是無我。」❶漢月禪師提醒學人，切不可停留在此境中，曾云：「自六識絕，則七識亦殺盡矣。殺盡則前後際斷，尚不為到家。」❶又云：「到此勿坐在前後際斷處，做了空空外道。」❶真淨克文禪師也云：「如今人多是得簡身心寂滅、前後際斷，一念萬年去，休去歇去，似古廟裏香爐去，冷湫湫地去，便為究竟。殊不知，却被此勝妙境界障蔽，自己正知見不能現前。」❶這時，聖嚴法師提醒大家：「用話頭將禪定心粉碎，才是定慧不二、即慧即定的禪的悟境出現，這時才是真正達到不思善、不思惡的程度。」❶

翻身跌入水晶宮，一片寒江夢裏空；[120]
岐路[121]暫時休坐著，頂門要見日輪紅。[122]

[114] 唐・宗密述，《圓覺經大疏》卷1：「但一念不生，則前後際斷。」（《新纂卍續藏》冊9，第243號，頁325中11）又，《三峰藏和尚語錄》卷15云：「自六識絕，則七識亦殺盡矣。殺盡，則前後際斷。」（《嘉興藏》冊34，第B299號，頁196下22-23）

[115] 《禪的生活》，《法鼓全集》第4輯第4冊，頁206-207、59。

[116] 《三峰藏和尚語錄》卷15，《嘉興藏》冊34，第B299號，頁196下22-23。

[117] 《三峰藏和尚語錄》卷13，《嘉興藏》冊34，第B299號，頁187上25。

[118] 宋・賾藏主集，《古尊宿語錄》卷44，《新纂卍續藏》冊68，第1315號，頁296上8-11。

[119] 《拈花微笑》，《法鼓全集》第4輯第5冊，頁92。

[120] 水晶宮：指進入一念不生的狀態。如明・祖光等編，《楚石梵琦禪師語錄》卷2云：「有念盡為煩惱鎖，無心端是水晶宮。」（《新纂卍續藏》冊71，第1420號，頁554下2-3）聖嚴法師曾提醒學人：「『連心的感覺都沒有』的這種感覺依然存在，『感覺到無心』的這種微妙的心依然存在，那還是『一』。」（《心的詩偈──信心銘講錄》，《法鼓全集》第4輯第7冊，頁117）這種

狀態如同身處水晶宮、寒江般，獨坐空中，仍非究竟。

㉑ 岐路：指學人彷彿處在分岐的道路上，一條可能就止步於定境，另一條則是繼續用功更進一步。元・善遇編，《天如惟則禪師語錄》卷 1 云：「幸而做到身心寂滅、前後際斷，一念萬年去，却又坐在乾淨田地上，自以為究竟。於是祖師呵責之，謂其被勝妙境界障住，正悟不得現前。」（《新纂卍續藏》冊 70，第 1403 號，頁 763 中 11-14）

㉒ 日輪：指太陽。此處的日輪紅有一個典故，元代的傑峰世愚禪師（1302-1371）參謁止巖普成禪師時，止巖禪師讓他參「不是心、不是佛、不是物」，世愚禪師參此話頭至寢食不知的狀態，某日夜半用功打坐時，聽到隔壁僧人正吟詠到唐代永嘉玄覺大師〈永嘉證道歌〉中的「不除妄想不求真」時，突有所悟，而迸出「夜半忽然忘月指，虛空迸出日輪紅」的偈語。（詳見明・袾宏輯，《禪關策進》卷 1，《大正藏》冊 48，第 2024 號，頁 1106 上 14-19）這二句是提醒學人，不可耽溺於一念不生的乾淨田地，應繼續用功，方能真正開顯佛性。

26

以證悟為期

　　漢月禪師提醒學人:「不生一念還成念,脫體無依未到家。」❷前偈提到,就算達到了一念不生、前後際斷的狀態,也還沒有真正見道。聖嚴法師認為,在禪境中,不論是「澄澄湛湛」、「光音無限」或是「一片悟境」,都不是開悟,一定要虛空粉碎、心無雜念,只有智慧的自然反映,才是見性。又說:「如果能更進一步把統一的定心破除、揚棄,出現的就是無我和無心的境界。」❷

・・・・・

突然狹路偶相逢,果與尋常見不同;❷
惺夢昏沉齊受用,任他魔佛變無窮。❷

❷ 《三峰藏和尚語錄》卷 12，《嘉興藏》冊 34，第 B299 號，頁 181 上 16。

❷ 參見《禪的理論與實踐》，《法鼓全集》第 4 輯第 18 冊，頁 72-73。又，《禪與悟》：「如果能更進一步把統一的定心破除、揚棄，出現的就是無我和無心的境界。一般稱此境界為見性、開悟。」（《法鼓全集》第 4 輯第 6 冊，頁 19-20）

❷ 狹路偶相逢：指見道。如《圓悟佛果禪師語錄》卷 17：「舉長慶（854-932，長慶慧稜禪師）示眾云：『撞著道伴交肩過，一生參學事畢。』」（《大正藏》冊 47，第 1997 號，頁 792 中 22-23）聖嚴法師曾提到禪的修行是一條狹路，並說：「是修行已經得力，得力不是『所作已辦』的完成，只是奠下了基礎，我們稱為見道；好比睜開眼睛，明明白白地看到了路，見道後才開始談得上修道。」（《拈花微笑》，《法鼓全集》第 4 輯第 5 冊，頁 191）這二句指參禪者於破參後，見解已與常人不同。

❷ 惺：清醒。破參者雖已離常、斷二種邪見，但煩惱仍舊存在。不過，由於已見過本來面目，因此對佛法會有更堅定的信心，也更能面對禪修時的種種狀態。只要繼續用功，不論佛來魔來各種境界，都能迎刃而解，如漢月禪師曾云：「一劍當軒，魔佛不前。」（《三峰藏和尚語錄》卷 12，《嘉興藏》冊 34，第 B299 號，頁 182 上 23-24）又云：「但能空盡心識，把住詰頭，不生見識，一味力參，任他天崩地裂，只恁麼參去，自然魔外永絕。」（《三峰藏和尚語錄》卷 7，《嘉興藏》冊 34，第 B299 號，頁 159 中 3-5）

27

更進一步

　　漢月禪師云：「參禪不可領得些子乾淨禪便為了當，又不可入些子堂奧不更參求，有志之士直須到底始得。山僧只為近代禪風一悟便了，但得些子便爾，縱橫作用，不求向上，墮在有證有悟處。」㉗聖嚴法師也提醒學人，禪宗的開悟並非一旦見性就一了百了，乃是需要一層一層往上提昇的。㉘又說：「能有一次這種無心的經驗，即稱為『見性』，或名為『破參』。從此之後，奠定了信心，還得繼續不斷地努力修行。」㉙因為，雖然已經奠定了信心，但仍須用功，盡可能保任無心的狀態。聖嚴法師解釋：「在入門或證悟之後，一定尚有更遠的修證路程要走。雖然禪宗是不歷階次，頓悟直進，但也無一禪師不在悟後進修。」㉚

・・・・・

處處分明礙眼睛，㉛要憑一轉過平生；㉜
若為嫡骨親生子，不向東宮問帝京。㉝

⑫ 《三峰藏和尚語錄》卷 6，《嘉興藏》冊 34，第 B299 號，頁 153 上 17-21。

⑫ 《禪的生活》：「禪宗所說見性之後，可能還會退到牛胎馬腹中去受報；見性以後如不繼續努力，仍如『逆水行舟，不進則退』，所以禪宗的見性，並不是一旦開悟，就一了百了。他是可以講頓悟成佛的，但那成的是一念之間的佛，或一時之間的佛，過了這一念或過了這一段時間，依然是眾生，仍然有煩惱，故須漸進漸修，修了再修，悟了再悟。一層一層往上提昇。」（《法鼓全集》第 4 輯第 4 冊，頁 161）

⑫ 《禪的生活》，《法鼓全集》第 4 輯第 4 冊，頁 199。

⑬ 《禪的生活》，《法鼓全集》第 4 輯第 4 冊，頁 160。

⑬ 不礙眼睛指徹悟者以般若智慧觀照萬物，平等無別而任運自然。如北宋的香林澄遠禪師（？-987）曾說：「悟了底人，見一切境各不別。竹是竹、木是木，山河大地不礙眼睛。」（宋・惟白集，《建中靖國續燈錄》卷 2，《新纂卍續藏》冊 78，第 1556 號，頁 648 下 13-14）但這邊漢月禪師卻說「處處分明礙眼睛」，即如《嘉泰普燈錄》卷 16 所云：「游山未到山窮處，終被青山礙眼睛。」（《新纂卍續藏》冊 79，第 1559 號，頁 392 中 7）這是因為，雖然已初見佛性，但見道尚淺，雖然看得清了，卻仍會被煩惱所擾，需繼續對治至煩惱淨盡，才是真正的任運自然、大徹大悟。

⑬ 本句指仍須「一轉」，即聖嚴法師所說：「若是開悟之後執著自己的悟，就成了執迷不悟，所以悟後仍然需要繼續用話頭。」（《聖嚴法師教話頭禪》，《法鼓全集》第 4 輯第 17 冊，頁 21）

⑬ 本句的東宮與帝京，乃漢月禪師用來譬喻一悟便了者，尚未到家，就好像是嫡傳的太子，尚未達帝王之位，故悟後仍須用功，轉卻方

能徹悟。這裡有一個出處，最早出自於洞山良价禪師的「五位」思想，後來唐代石頭宗的石霜慶諸禪師（807-888），提出誕生（嫡生太子）、朝生、末生、化生、內生等五位王子的說法。（詳見宋‧智昭集，《人天眼目》卷 3，《大正藏》冊 48，第 2006 號，頁 316 下 17- 頁 317 上 6）據此，漢月禪師曾云：「于王子，賤分外紹，貴從內紹。未識極頭，進于極頭。……相續大難，豈容付授。悲末世！一悟便了之魔人，故曰人多乾慧。」（《三峰藏和尚語錄》卷 11，《嘉興藏》冊 34，第 B299 號，頁 179 上 2-9）「紹」為承繼之意；「極頭」乃是第一品第、第一等；「乾」則是有名無實的意思。

28

服勤

　　服勤乃服事執勤之意。漢月禪師認為，破參後更應在明師身邊服勤承事，直至忘盡我相，故不得離師太早。❶ 他說：「如古人開悟得法之後，事師服勤，泯泯給侍不啻童僕。」❶ 又云：「話頭拌命疑去，久久不懈，日親師長，一椎鍊就。或有未了，漸漸鍛鍊，以了為期。剎那際入手，復于服勤，邊溫研積稔而成。」❶ 並曾舉例：「韶陽折足于睦州門縫裏，溫研積稔于雪峰堂奧中。」❶ 就是這個道理。

・・・・・

碎身不獨報師恩，要見親孃腳後跟；❶
八萬四千門透過，❶ 末梢愁殺一場渾。❶

(134) 《三峰藏和尚語錄》卷 13：「到者裏，尋箇有來歷宗師，拌身捨命，服勤承事，求箇大了當處、大轉換處、大透脫處。弗得離師太早，直須忘盡我相，與二祖事達磨捨身求半偈相似，始有後來一段光明。」（《嘉興藏》冊 34，第 B299 號，頁 186 上 20-24）

(135) 《三峰藏和尚語錄》卷 13，《嘉興藏》冊 34，第 B299 號，頁 187 下 20-21。

(136) 積稔：積年，經年累月之意。見《三峰藏和尚語錄》卷 6，《嘉興藏》冊 34，第 B299 號，頁 154 上 5-7。

(137) 「韶陽」指雲門文偃禪師（864-949）；「睦州」指睦州道明禪師（780-877），人稱「陳尊宿」；「雪峰」為雪峰義存禪師（822-908）。雲門禪師參睦州禪師，折一足而悟，睦州禪師知其乃大器之材，推薦他可再去參雪峰禪師。之後，雲門禪師在雪峰禪師身邊服勤數年，並獲傳法。（《三峰藏和尚語錄》卷 11，《嘉興藏》冊 34，第 B299 號，頁 177 上 30- 中 1）

(138) 不獨：不僅僅、不但。「要見親孃（娘）腳後跟」指的是徹見自己存在的根源，如明．通問編定，《續燈存稿》卷 10 中，湖州淨名抱朴大蓮禪師（？ -1629）於廓然洞徹後，述偈曰：「自幼失親孃，徧覓於他鄉；矮然一相見，更不再思量。」（《新纂卍續藏》冊 84，第 1585 號，頁 775 上 20-21）又如聖嚴法師所述：「『腳根下』是禪宗的一種說法，指的是存在的根源。你必須把全部身心投入話頭中，必須窮追不捨。只有到那時才能揭露自己存在的根源，而那正是你的煩惱、執著、根深柢固的自我。要真正參禪，就必須用話頭把牢牢種在心頭上的那棵茂密高大的樹連根拔起。要連根拔起這個業識的樹，就必須從根掘起。根有多深，你就該挖多深。一旦把這棵樹連根拔起，就能把它拋進太虛，讓它消融。」（《虛空

粉碎──聖嚴法師話頭禪法旨要》,臺北:法鼓文化,2011 年,頁 138)這二句是說,破參後仍在老師身邊經年服勤執事,不僅僅是為了報師恩,也便於讓老師對自己打磨刮垢,直到大徹。

❶㊟ 八萬四千門透過:據唐·宗密隨疏鈔,《華嚴經行願品疏鈔》卷 1 云:「迷,為八萬四千塵勞門;悟,成八萬四千波羅蜜。塵勞雖眾,根本不過三毒。」(《新纂卍續藏》冊 5,第 229 號,頁 232 下 21-22) 塵勞,乃煩惱之異名。如《六祖大師法寶壇經》卷 1 即云:「當用大智慧,打破五蘊煩惱塵勞。如此修行,定成佛道,變三毒為戒定慧。善知識!我此法門,從一般若,生八萬四千智慧。何以故?為世人有八萬四千塵勞。若無塵勞,智慧常現,不離自性。悟此法者,即是無念,無憶無著,不起誑妄。」(《大正藏》冊 48,第 2008 號,頁 350 下 2-7) 本句是指轉迷為悟,眾生因貪、瞋、癡等三毒未除,而有八萬四千煩惱塵勞。見性後雖見到了清淨佛性,但煩惱仍未除盡,因此更應持續修行,不只報師恩,也是報父母恩。不論是日常生活、行住坐臥,乃至僧團執事工作,無一不是修行的道場,如此才能將八萬四千塵勞轉為般若智慧。

❶㊠ 末稍:末尾、最後。愁殺:同「愁煞」,使人極為憂愁。「殺」表程度極深。渾:水濁也。本句指悟後察覺有更微細的煩惱須處理。

29

入鍛須深

　　悟後由於煩惱、分別心的殘根仍在，因此須繼續修行，直到徹悟。❹漢月禪師提到：「今人稱悟，或恐悟不盡，所以千悟萬悟，悟不怕多。又恐無師承，恐入邪悟夾雜不盡，須仗作家鉗鎚千鍛百鍊鍊之，既是久之，復恐凡聖二情又作自己不知，乃復再勘再鎚，永不復敗屈。」❷聖嚴法師也說：「禪宗所說的悟，不等於開悟之後，從此不再有任何心理上的問題，而是指一種見到空性和智慧現前的經驗。因為自我習氣和煩惱的根尚未斷除，仍然需要繼續用話頭。一句話頭一直參下去，看住話頭，保持開悟時明心見性的狀態，不斷地保持它、保養它和增長它，如同種下一盆花之後，需要每日照顧，為它澆水、施肥及給予日照。悟後需要持續看話頭的保任工夫，即是為了照顧明心見性後的心性，不再被煩惱所困擾與汙染。」❸

爐椎萬遍滓仍生，❹鍊到寒芒逼斗橫；❺
砥礪勤勤休鈍置，龍蛇轉變自成精。❻

❶ 《聖嚴法師教話頭禪》：「禪宗所謂的『生死心破』，是除煩惱，但是除煩惱不等於永遠斷除，因為悟後煩惱、分別心的殘根仍在，明心見性不等於已經成了徹底的、究竟的、圓滿的佛。明心見性所見的是理性佛而不是究竟佛，但是見到了理性佛，就能使修行的信心不退，會繼續修行下去。」（《法鼓全集》第 4 輯第 17 冊，頁 35）

❷ 《三峰藏和尚語錄》卷 13，《嘉興藏》冊 34，第 B299 號，頁 187 上 2-6。

❸ 《聖嚴法師教話頭禪》，《法鼓全集》第 4 輯第 17 冊，頁 54。

❹ 本句以鐵匠重重爐鍛去除渣滓，譬喻開悟後仍須重重鍛鍊。漢月禪師云：「自肯之後，須得真師良法，重重鍛去法中聰明，一切心盡，方是得道。」（《三峰藏和尚語錄》卷 13，《嘉興藏》冊 34，第 B299 號，頁 186 中 26-27）又云：「若一絲毫有未盡處，則法見未了，功勳猶在，還是心意識邊微細無明，不能真到，目朝雲漢，萬事當前，猶有禪、道、佛、法、超生脫死、自在快活等見，亞在心口，不能如雲之起滅、草之榮衰。故師承了了手太痛快處，重新設諸鍛藥，越鍛越盡，畢竟于頹然無氣息處，轟雷走電過日耳。」（《三峰藏和尚語錄》卷 6，《嘉興藏》冊 34，第 B299 號，頁 156

上 26- 中 2)
- ⑭⑤ 寒芒：形容清冷的刀光。斗橫：為「斗轉參橫」，通常是指天快亮的時候，北斗轉向、參星打橫。這裡是比喻歷經重重鍛鍊，盡除煩惱顯現般若智慧，就像金剛王寶劍令星斗都相形失色而避其鋒芒，如《三峰藏和尚語錄》卷 8：「一喝金剛王，星斗避寒芒。」（《嘉興藏》冊 34，第 B299 號，頁 165 下 6）
- ⑭⑥ 砥礪：磨石。唐·慧琳撰，《一切經音義》卷 93 云：「砥細於礪，皆磨石也。」（《大正藏》冊 54，第 2128 號，頁 891 中 2）在此引申為磨鍊、鍛鍊之意。漢月禪師反對參禪一悟便了的態度，認為破參的學人仍應持續地磨鍊，經過禪師反覆地勘驗鍛鍊，直到達到徹悟才是究竟。如《三峰藏和尚語錄》卷 13 云：「直入目朝雲漢，不用絲毫挂搭，清風走空、明月落洞，更無一點疑關，那時尋箇好師，千鍛百鍊，鍊心、鍊法、鍊人、鍊骨，鍊到白牛露地不出其位，久久當自有受用也。」（《嘉興藏》冊 34，第 B299 號，頁 186 中 9-12)

30

遍參

　　漢月禪師認為，見性後有了辨別的能力，有利於遍參行腳，曾云：「行腳若還不帶眼，難免海外覓浮漚。」[147]聖嚴法師也曾提醒行者：「見了本來面目之後，仍得發長遠心，親近明師，深入經藏。」[148]並提到：「禪的修行者，必須在具眼（有了悟境的經驗）之後，始夠資格去遍參、遍訪天下的大善知識。……唯有在有了自內證的經驗之後，才有選擇明師的能力。」[149]

． ． ． ． ．

濟上門庭次第參，五家求遍古人函；[150]
翻身行腳問諸老，內外書須向後探。[151]

❶⓻ 浮漚：指水面上的泡沫。見《三峰藏和尚語錄》卷 2，《嘉興藏》冊 34，第 B299 號，頁 134 上 4-5。

❶⓼ 《禪的理論與實踐》，《法鼓全集》第 4 輯第 18 冊，頁 74。

❶⓽ 《禪的體驗‧禪的開示》，《法鼓全集》第 4 輯第 3 冊，頁 136。

❶⓾ 濟上門庭：指臨濟宗。五家：指臨濟宗、雲門宗、溈仰宗、法眼宗及曹洞宗。函：書函，指五家綱宗的要旨。漢月禪師曾云：「須從臨濟門風微細諸法一一參過，汰盡見中蘊奧。」又云：「再進諸家，苟一處不明，則一分無明未了。」（《三峰藏和尚語錄》卷 14，《嘉興藏》冊 34，第 B299 號，頁 192 上 17-18、頁 190 中 30-下 1）他認為，悟後行腳應先遍參臨濟諸師，將宗門微細諸法參過汰盡後，再進禪宗諸家。

⓯ 本偈在提醒學人，見性後仍應遍參善知識，以透解五家宗旨，直到細惑完全滅除。如漢月禪師云：「入得大法，盡得五家宗旨，細惑方除。若一惑不盡，都是一分無明，根本智便用不著。」（《三峰藏和尚語錄》卷 6，《嘉興藏》冊 34，第 B299 號，頁 154 下 10-11）又云：「越參越透，曲盡五家宗旨，閑熟五十三善知識事，竭盡情理，于情理處，隨順情理。」（《三峰藏和尚語錄》卷 13，《嘉興藏》冊 34，第 B299 號，頁 186 上 8-10）但是，學人也要注意一點，方能得益，如聖嚴法師所述：「後來的修行者，僅知仿效善財童子的廣參博學，卻忽視了由明師介紹及指導下去參訪明師的原則，於是，雖美其名曰遍參善知識，結果卻成了跑碼頭、趕熱鬧的無主遊魂。」《禪的體驗‧禪的開示》，（《法鼓全集》第 4 輯第 3 冊，頁 136-137）

31

到家

　　到家,指的是徹悟。漢月禪師曾云:「輪迴在見凡、見聖處。」❺ 又云:「以前只為迷裏翻身,故有悟在,悟見作孽,師家乃用種種鍛藥,鍛盡所悟,此便是法。又以法路為孽,須法法透過盡底掀翻,一法不存。于此脫盡,以無可求,只得放捨,但有著衣、喫飯、屙矢、送尿而已。」❸ 聖嚴法師也說:「人若已徹悟到家,自可沒有穢淨捨取的分別之心。」❹ 要知道,不論凡情或是聖解,其實都是空花水月。

· · · · · ·

　　玅高不見別峰逢,歷遍南方到閣中;❺
　　此處安身未奇絕,更知格外有高風。❻

⓱ 《三峰藏和尚語錄》卷 5,《嘉興藏》冊 34,第 B299 號,頁 149 中 6。

⓲ 《三峰藏和尚語錄》卷 6,《嘉興藏》冊 34,第 B299 號,頁 154 下 12-16。

⓳ 《明末佛教研究》,《法鼓全集》第 1 輯第 1 冊,頁 161。

⓴ 玅．同「妙」。這裡有個典故,乃是善財童子經文殊菩薩指引,先至妙峰山參訪德雲比丘,但七天都尋不到人,後來在別峰上才見到德雲比丘。之後,善財童子依善知識的指引漸次南行,依序參訪了五十三位善知識,最後修行圓滿。(詳見《大方廣佛華嚴經‧入法界品》卷 45-80,《大正藏》冊 9,第 278 號,頁 688 上 3-《大正藏》冊 10,第 279 號,頁 444 下 29) 漢月禪師曾舉唐代興化存獎禪師（830-888）的例子,他參謁臨濟禪師並得悟後,又去參謁了三聖慧然禪師、魏府大覺禪師等諸師,而於修行深深受益。(詳見《三峰藏和尚語錄》卷 8,《嘉興藏》冊 34,第 B299 號,頁 166 上 22-中 8)

㉑ 格外:指悟道者機用之卓越,超越通常分別理念與知識見解。漢月禪師認為,見性後繼續用功,並遍參各家,最後才能達到獨露真常、毫無障礙的徹悟境界。《三峰藏和尚語錄》卷 6 云:「果是真正出格漢子,直須向格外論量,始得珍重。」(《嘉興藏》冊 34,第 B299 號,頁 156 上 19-20)「出格」詳見第 33 偈。

32

住山

　　所謂住山,就是杜絕塵緣,隱居於山林之中養道。《道餘錄》云:「古之師僧,初得道者,必居於山林,煨箇折腳鐺子煮飯喫,三十年、二十年,名利不干懷,大忘人世,單單守此道,昔人謂之曰:『保養聖胎』。」⓯ 對此,漢月禪師亦認為,到家之後方有資格住山。⓲ 他強調少緣淡薄的住山態度,以三條竹皮腰帶勒緊肚皮、帶把鈍斧頭,忍饑安貧。⓳ 也曾云:「再勘再鎚,永不復敗屈,方好離師自養,亦須住山,少緣淡薄無味,十載二十載,萬不得已,龍天推出,不過虛空中蕩過雲影子相似,豈是實事。」⓰

． ． ． ． ． ．

　　睡眼麻迷萬事休,綠荷黃獨自春秋;⓫
　　日長最是相親處,鋪疊青莎石枕頭。⓬

❶⓹⓻ 明‧姚廣孝著,《道餘錄》卷 1,《嘉興藏》冊 20,第 B091 號,頁 334 下 29- 頁 335 上 1。

❶⓹⓼ 《三峰藏和尚語錄》卷 13:「務在定無轉展,方許住山養道。」(《嘉興藏》冊 34,第 B299 號,頁 188 上 23-24)

❶⓹⓽ 《三峰藏和尚語錄》卷 13:「到此方好將三條篾牢束肚皮,提一柄鈯斧子,住山養道去。」(《嘉興藏》冊 34,第 B299 號,頁 187 中 18-19) 篾:可以用來束物或編物之劈成條狀的竹皮,這裡則是用來作為腰帶。鈯 ㄊㄨˊ:鈍。

❶⓺⓪ 《三峰藏和尚語錄》卷 13,《嘉興藏》冊 34,第 B299 號,頁 187 上 5-8。

❶⓺❶ 睡眼麻迷:形容剛睡醒模糊看不清楚的狀態。綠荷黃獨:「綠荷」乃是以荷葉製成的衣服,引申為高人隱士之服。「黃獨」是狀似山藥或芋頭的植物,於缺糧時掘以救飢之用。二者皆用來形容山居的簡樸生活,如〈山居詩〉:「厨空旋去尋黃獨,衲破方思剪綠荷。」(元‧至柔等編,《石屋清洪禪師語錄》卷 2,《新纂卍續藏》冊 70,第 1399 號,頁 667 下 14-15) 春秋:泛指四時。這二句是說,徹悟的禪者死卻諸妄心,開始離師自養,過著山居隱逸的簡樸生活。

❶⓺❷ 日長:與前面的「春秋」呼應,也是指時間。相親:有接近、符合之意。相親處:謂體得妙道而與之相應成一體之境地。青莎:指莎草,莖為三棱型,為多年生之草本植物。石枕頭:「石枕頭」一詞出自唐代南嶽懶瓚和尚,如宋‧惠洪集,《林間錄》卷 2 云:「唐高僧,號懶瓚,隱居衡山之頂石窟中。嘗(嘗)作歌,其略曰:世事悠悠,不如山丘;臥藤蘿下,塊石枕頭。其言宏妙,皆發佛祖之奧。」(《新纂卍續藏》冊 87,第 1624 號,頁 261 上 5 7) 文中表現出開悟禪師淡泊的山間生活,呼應前面二句,正是漢月禪師所認為之住山的態度。

33

出格

「出格」一般指卓越或超越常規，在此形容悟道者之見地已不同，其機用卓越，不受常情俗見而局限。漢月禪師云：「打翻空、有、中道，于出格處，腳下無私。滾滾（深深）海底行，高高山頂立。」[163]他強調頓悟本然的祖師禪，優於藉教悟宗的如來禪。曾云：「參禪貴先決擇祖師禪、如來禪。祖師禪者，透十法界之外，不墮如來之數，故曰出格。如來禪者，超于九種法界，墮在十法界之頂，猶是格內。」[164]又云：「若是真正祖師禪，則末後一句始到牢關是已。」[165]聖嚴法師也曾提到：「直到最後破牢關，才是真正出三界，能夠證道，得無生法忍。」[166]又說：「到了悟入無生法忍的聖位之際，即不以世間做為善惡標準的判斷，此所謂出格大人，自可有出格的作為。」[167]

・・・・・

三頭四臂一身全，[168]走入街頭不值錢；
一領青衫三頓飯，更加長帶驀腰纏。[169]

㊣ 《三峰藏和尚語錄》卷 14，《嘉興藏》冊 34，第 B299 號，頁 191 中 28-29。

㊣ 《三峰藏和尚語錄》卷 6，《嘉興藏》冊 34，第 B299 號，頁 154 下 20-22。

㊣ 《三峰藏和尚語錄》卷 6，《嘉興藏》冊 34，第 B299 號，頁 154 下 25-26。

㊣ 《禪與悟》，《法鼓全集》第 4 輯第 6 冊，頁 67。

㊣ 《拈花微笑》，《法鼓全集》第 4 輯第 5 冊，頁 94。

㊣ 三頭四臂：與三頭六臂、三頭八臂一樣，皆是形容異相，用來比喻神通廣大、本領非凡之意。出格的徹悟禪者，能隨順因緣以善巧的方式接引根性不同之眾生。如《佛果圜悟禪師碧巖錄》卷 9 即云：「明眼漢沒窠臼，有時孤峯頂上草漫漫，有時鬧市裏頭赤灑灑。忽若忿怒那吒、現三頭六臂，忽若日面月面、放普攝慈光，於一塵現一切身。為隨類人，和泥合水。」（《大正藏》冊 48，第 2003 號，頁 212 上 4-7）

㊣ 一領：一件。如宋・陸游，《老學庵筆記》卷 6：「古謂帶一為一腰，猶今謂衣為一領。」（見《文淵閣四庫全書》冊 865，上海：上海古籍出版社，2003 年，頁 50）驀ㄇㄛˋ：穿過、跨過之意。這裡的「更加長帶驀腰纏」乃指將腰帶繞過腰、纏繞得更緊的意思。本偈是說，禪師雖然有一身機用卓越之能力，能夠通權達變接引學人，但走在街上看起來並不會比一般人來得富貴或顯眼。相反地，平日裡一件僧衣在身，每日三餐簡單，腰帶仍能繫得緊緊的，生活及外表都與常人一般。

34

相應

漢月禪師云:「相應,在忘法處。」⑩ 此處的相應指的是契合禪法,行解相應、事理契合不二。如《佛果克勤禪師心要》云:「雖喫飯著衣修世間法,無不如如,無不通透,無不與所證正體相應。」⑪ 聖嚴法師也曾提到:「是以真正由明師指導,用禪的方法而得開悟的人,必定行解相應,與經教的理論不謀而合。」⑫ 這時,即使是平凡的日常生活、行住坐臥都與法相應,一切現成。

‧‧‧‧‧

四更踏著下床鞋,⑬出戶依然地是街;
折腳鐺邊敲石火,半升湯粥進枯柴。⑭

⑰ 《三峰藏和尚語錄》卷 5，《嘉興藏》冊 34，第 B299 號，頁 149 中 9-10。

⑰ 宋・子文編，《佛果克勤禪師心要》卷 4，《新纂卍續藏》冊 69，第 1357 號，頁 489 下 22-24。

⑰ 《拈花微笑》，《法鼓全集》第 4 輯第 5 冊，頁 283。

⑰ 四更．丑時，即清晨一到三點。佛陀及漢月禪師都提醒學人，中夜（晚上十點到清晨二點）應睡眠，所以起床的時間約二點之後。

⑰ 折腳鐺：缺去一腳的舊鍋。升：指量器或容量單位，明、清時期半升約五〇〇毫升。本偈乃形容禪師悟後的日常生活處處契合禪法，雖看似平凡，但其實無一不是禪法的真實呈現。就如同漢月禪師所述：「尖頭茆（茅）屋草根香，活計全憑折腳鐺；野菜和根同喫了，鉢盂洗刮再商量。大眾且道商量個甚麼？近年茶價貴，客至點蒿湯。」（《三峰藏和尚語錄》卷 3，《嘉興藏》冊 34，第 B299 號，頁 138 下 2-4）

35

不肯住

　　這裡的「不肯住」指的是出世。禪師為了達到了脫生死的根本目標,而不欲駐錫於十方禪客往來的繁盛道場,以免被籠絡約束而荒廢修行。如北宋雲門宗的吳山淨端禪師(1031－1104)即云:「十方禪客到來,怎不教他厭賤,週迴甚處安身?轉脚一時行徧,可憐端老高僧,住此非他意願。豈圖佛法流傳,可為名利留戀,却緣彊順人情,枯淡暫時吞嚥,不如及早辭歸。」又云:「大宋無心野老,不會葛藤禪道;好處不肯住持,破院隨緣養老。」❽

- - - - -

問君途路力如何,榔栗橫肩不顧他;❾
前有蓮花後天目,古人誰箇自淆訛。❿

⑰ 宋・師皎重編，《吳山淨端禪師語錄》卷1，《新纂卍續藏》冊73，第1449號，頁75下9-18。

⑯ 途路：路途、旅途中。柳栗：亦作「柳櫟」，木名，可作杖，後借為手杖、禪杖的代稱。這二句的典故最早出自北宋蓮華峯祥禪師（雲門宗奉仙道琛禪師法嗣），如宋・善卿編正，《祖庭事苑》卷2云：「師臨示寂，舉柱杖示眾：『汝道古佛到者裏，為甚麼不肯住？』眾無對。自曰：『為它途路不得力。』復曰：『作麼生得力去？』乃橫柱杖肩上曰：『柳栗橫擔不顧人，直入千峯萬峯去。』」（《新纂卍續藏》冊64，第1261號，頁336下20-23）

⑰ 淆訛：攪亂、弄錯。這二句說的是婉拒出世住院的高峰禪師及中峰明本禪師（1263-1323）師徒。高峰禪師41歲住浙江省雙髻峰時，因學徒雲集，應接不暇，而有「柳栗橫肩不顧人，直入千峰萬峰去」之語，並避入天目山西峰之師子巖，之後搬到師子巖下方千丈巖上的石洞，榜曰「死關」，直到58歲捨報皆未出洞。因其道風遠播，跋山涉水遠道而來者眾，53歲時，信眾欲捨巨莊供養，高峰禪師堅拒，曾說：「多易必多難，吾力弗克勝。」但信眾捨心更堅，就在師子巖不遠處另建禪剎，請於官而後營之，高峰禪師無法拒絕而受之，名蓮花峰，匾「大覺禪寺」，不過仍堅未出洞，由弟子大覺祖雍禪師管理寺事。（詳見《高峰原妙禪師語錄》卷2，《新纂卍續藏》冊70，第1400號，頁699中13-頁701中1）對高峰禪師來說，拒絕受供、斷絕萬緣，隱遁巖洞，不是為了沽名釣譽，而是出家人的本分。而隨侍高峰禪師近十年的天目中峰禪師，承繼遺風，也是一牛淡泊，曾云：「正以自救不暇，故當退遁。」而婉拒出任寺院住持。（元・中峰撰述，《天目中峰廣錄》卷6，《補編》冊25，第145號，頁770上17）

36

出入生死

　　漢月禪師曾云:「纔曉得石霜休歇、蓮花峰不肯住、高峰出世後入獅子巖,此處曉得,便知普化[178]振鐸而去,隱峰[179]倒卓而逝。」[180]前偈提到高峰禪師出世不肯住,而修行到再下一層次,就懂得如普化禪師或隱峰禪師的境界,大乘行者為度有情而出生入死,不僅無懼生死,並能自在地隨處行化,甚至遊戲人間。如《龐居士語錄》即云:「試問西域那提子,遺法慇懃無所求,自入大海歸火宅,不覺乘空失却牛。有人見我歸東土,我本元居西海頭,來去自然無障礙,出入生死有何憂。」[181]又如《普覺宗杲禪師語錄》:「談笑出入生死,敢與諸塵作對。世出世間大丈夫,一擊鐵圍百雜碎。」[182]

・・・・・

衲衣下事去來間,片片孤雲嶺上閑;[183]
若問箇中真切意,一條秋水迸遙天。[184]

⑱ 普化禪師（？-860），唐代臨濟宗盤山寶積禪師法嗣，常攜一鈴，遇人即在耳邊振鐸，曾助臨濟禪師弘化。之後，自己搬棺出北門外，振鈴入棺而化。

⑲ 隱峰飛錫禪師（？-806），唐代馬祖道一禪師法嗣。於登五台山途中，遇官軍與賊人交戰，為了解除雙方苦患而顯現神異，但之後為了避免眾人迷惑於神通，遂入金剛窟前，倒立而化。

⑳ 《三峰藏和尚語錄》卷13，《嘉興藏》冊34，第B299號，頁186下24-26。

㉑ 《龐居士語錄》卷3，《新纂卍續藏》冊69，第1336號，頁142中24-下3。

㉒ 宋・法宏等編，《普覺宗杲禪師語錄》卷2，《新纂卍續藏》冊69，第1362號，頁643中11-12。

㉓ 衲衣下事：指明悟心地、超脫生死的禪家大事。孤雲：單獨飄蕩的浮雲，喻指閑散自在的隱居禪師。這二句是形容，禪師們如嶺上白雲一般無所留礙，來去自如。如宋・處凝等編，《白雲守端禪師廣錄》卷4云：「嶺上白雲舒復卷，天邊皓月去還來。低頭却坐茅簷下，不覺呵呵笑幾迴。」（《新纂卍續藏》冊69，第1352號，頁327上4-5）

㉔ 一條秋水洴搖天：秋水明靜，映出無邊的天空，顯現出無盡的深遠與澄靜，猶如清淨的佛性，本來具足，一一現前。秋水連天的說法出自南宋宏智正覺禪師（1091-1157）的末後偈：「書偈曰：『夢幻空花，六十七年；白鳥煙沒，秋水天連。』擲筆而逝。」（宋・集成等編，《宏智禪師廣錄》卷9，《大正藏》冊48，第2001號，頁120下8-9）宏智禪師雖說六十七年皆是夢幻空花，臨行前仍老婆心切地將佛法之最要一句示與後人，此境界如元・覺此編，《環溪惟

一禪師語錄》卷 1 中所云:「秋風捲地,秋水連天。千山影瘦,萬木蕭然。漁笛數聲江上月,樵歌一曲嶺頭烟。諸人聞恁麼告報?切忌作境話會,既不作境話會,畢竟作麼生會?良久云:佛身充滿於法界,普現一切眾生前。」(《新纂卍續藏》冊 70,第 1388 號,頁 368 上 13-16)

37

重法脈

　　漢月禪師曾云:「故七佛歷祖皆有傳法偈,以法載心,若無法,則祖心無從傳付。」[185] 又云:「得心于自,得法于師。師有人、法之分,心有本、別之異。……故傳法之源流,非獨以人為源流也。」[186] 從上可知,漢月禪師認為師承源流須人、法並重,他雖遙嗣高峰禪師以及惠洪禪師,但仍四處參謁,希望能夠成為相應的臨濟宗禪師法嗣,以弘揚臨濟法脈。由此可知,漢月禪師非常重視以心印心的法脈傳承。聖嚴法師即提到:「《六祖壇經》說得很清楚,傳法的根本精神所在,是以心傳心,心心相傳,不在於表面的形式,……因此『傳法』的意義建立在師徒之間,方法的不斷傳授,和境界的不斷證明。」[187]

・・・・・

七佛相傳到舉華,東來毒害更如麻;[188]
不因此事難分付,誰肯生生入杻枷。[189]

⑱ 《三峰藏和尚語錄》卷 5，《嘉興藏》冊 34，第 B299 號，頁 150 上 15-16。

⑱ 《三峰藏和尚語錄》卷 11，《嘉興藏》冊 34，第 B299 號，頁 179 上 27- 中 1。

⑱ 《學術論考》，《法鼓全集》第 3 輯第 1 冊，頁 66。此外，聖嚴法師亦云：「傳法是以心印心表示已經通過上　代過來人的證明，確為實修實證的有德僧。」（《火宅清涼》，《法鼓全集》第 6 輯第 5 冊，頁 219）

⑱ 七佛：毘婆尸佛、尸棄佛、毘舍浮佛、拘留孫佛、拘那含牟尼佛、迦葉佛、釋迦牟尼佛。舉華：或指拈花示眾的釋迦牟尼佛。如《無門關》卷 1 云：「世尊昔在靈山會上，拈花示眾。是時眾皆默然，惟迦葉尊者破顏微笑。世尊云：『吾有正法眼藏，涅槃妙心，實相無相，微妙法門，不立文字，教外別傳，付囑摩訶迦葉。』」（《大正藏》冊 48，第 2005 號，頁 293 下 13-16）世尊拈花而迦葉微笑，此為禪宗以心傳心印法的第　個公案。而摩訶迦葉是西天二十八祖之初祖，菩提達摩為第二十八祖，也是東土六祖之初祖。毒害：指未明般若之瞎眼宗師的錯誤指導。《大慧普覺禪師語錄》卷 19：「梵語『般若』，此云『智慧』，未有明般若而有貪欲瞋恚癡者，未有明般若而毒害眾生者。作如此等事底，與般若背馳，焉得謂之有智慧。」（《大正藏》冊 47，第 1998A 號，頁 892 中 29- 下 3）又，《博山禪警語》卷 2：「徑山云：『又一等人，教人是事莫管，但只恁麼歇去，歇得來情念不生，到恁麼時，不是冥然無知，直是惺惺歷歷，這般底更是毒害。瞎却人眼，不是小事。』評：只饒到惺惺歷歷，此是對寂之法，非參究耶？若參究，直欲發明大事，既不如是，豈非毒害者哉？」（《新纂卍續藏》冊 63，第 1257

號，頁 762 中 24- 下 4）如麻：形容密集、多。這二句是說，從七佛以心印心相傳到東土，祖師們又以各種方法引導學人開悟，皆留下了很多經典及語錄，這些方法及語錄，若是由明般若的人使用，就能夠幫助學人開悟，但若是未明般若者，就會由於錯誤的指導而成為毒害。

❾ 此事：指以心印心開悟事。分付：交付之意。生生：生生世世。杻枷：古代刑具，杻為手銬，枷是加在犯人頸上的木製刑具，用來比喻生死輪迴的牢籠。如《宗鏡錄》卷 98 云：「師彈指云：苦哉！一切眾生，根塵相涉，從無始來，認賊為子，至于今日，常被枷鎖。」（《大正藏》冊 48，第 2016 號，頁 945 中 9-11）本偈是說，關於開悟這件事，需要學人自悟自證，老師的教導只是助緣，無法將修證境界直接轉移予學生，也正因為引導證悟這件事情難以分付，所以祖師們才會出入生死、生生世世的回來這個生死輪迴的牢籠，引導眾生開悟。

38

提振宗風

　　這裡的宗風指的是漢月禪師一直堅持的臨濟宗旨。[190] 漢月禪師認為，要尋得資質出眾的弟子並予以鍛鍊，方能將宗旨傳承綿延下去，並重振宗風，曾云：「逆思祖師禪一脈，遠從七佛，近自歷祖，燈燈輝續，至我明，像法浸隆，真脈稍隱，問談及參禪見性法門，並以為迂闊佛祖靈骨，幾于滅沒矣。嗚呼！仰山續風穴於將斷之際，[191] 斯多繼師子于未刑之前，[192] 有此乘願之人，任彼遙囑之法，宜其再興于今之世也。」[193]

‧ ‧ ‧ ‧ ‧

覓人須要智過師，口耳休輕使自知；[194]
珍重如來真命脈，莫因輕薄斷懸絲。[195]

⑲⓪ 所謂臨濟宗風，如《人天眼目》卷2云：「臨濟宗者，大機大用，脫羅籠、出窠臼，虎驟龍奔，……是故示三玄、三要、四賓主、四料揀、金剛王寶劍、踞地師子、探竿影草、一喝不作一喝用、一喝分賓主、照用一時行。……大約臨濟宗風，不過如此。」（《大正藏》冊48，第2006號，頁311中8-28）由於漢月禪師的自悟與臨濟宗旨有密切關係，故對此特別重視，曾云：「復參一尊宿，問及臨濟宗旨。宿曰：『我不用臨濟禪，我今盡欲翻掉他窟子，從六祖而上，直溯釋迦老漢，紹其法脈耳。若接臨濟源流，便有賓主等法，若有賓主等法，便有生死矣。』余復為之憮然，復參一二老宿，皆貶三玄、三要為謾人語，無如是事及考邁來，諸尊宿語錄雖不多見，然于五家宗旨，概無喫緊語，未嘗不置卷長歎也。竊謂五宗原，非後人自立以羅籠人者，乃從達磨所傳七佛諸祖之偈中拈出，以定綱宗者耳。」（《三峰藏和尚語錄》卷5，《嘉興藏》冊34，第B299號，頁147下3-11）

⑲① 宋代的風穴禪師每每想到唐代仰山慧寂禪師（807-883）曾說「臨濟一宗，至風而止」，擔心臨濟之道斷送在自己手上，於是更謹慎認真地注意弟子徒眾之中，是否有堪任法道之人，最後發現了最適合的首山省念禪師（926-993）。（詳見《禪林僧寶傳》卷3，《新纂卍續藏》冊79，第1560號，頁497中12-14）後來，省念禪師嗣法弟子眾多，如汾陽善昭禪師（946-1023），其下有慈明楚圓禪師（986-1039），再往下有黃龍慧南禪師（1002-1069）及楊岐方會禪師（992-1049），而開創了黃龍、楊岐二派，大振臨濟宗宗風。

⑲② 斯多；婆舍斯多（？-325），為西天第二十五祖。師子：師子尊者，為西天第二十四祖。師子尊者預知將遇王難，於遇難之前傳法予婆舍斯多，並傳僧伽梨衣作為證明之用。未久，師子尊者即遭王

刑而捨報。（詳見《傳法正宗記》卷 4，《大正藏》冊 51，第 2078 號，頁 735 上 22- 中 12）
❽ 《三峰藏和尚語錄》卷 16，《嘉興藏》冊 34，第 B299 號，頁 202 下 30- 頁 203 上 5。
❾ 休：莫、不要。輕：輕率、不慎重。使：讓。自知：指自悟自證。《三峰藏和尚語錄》卷 14 云：「所以有雪巖之英特，高峰之出群，代代智過於師，霆震火烈，至今綿遠，振起為萬世，則師承法印之力所持也。」（《嘉興藏》冊 34，第 B299 號，頁 190 上 22-24）這二句是說，要從徒眾中找出資質佳、適合傳承法脈的弟子。
❿ 輕薄：輕佻浮薄、不尊重。懸絲：危殆之意。如《三峰藏和尚語錄》卷 16 云：「三十二祖弘忍大師，既以衣法付六祖，末上囑曰：『所謂受衣之人，命如懸絲也。』」（《嘉興藏》冊 34，第 B299 號，頁 215 下 18-19）這二句是指不可輕率傳法而斷了歷代佛、祖所傳之法脈，方能重振禪宗意旨。

39

始終重戒

　　漢月禪師曾云：「受戒之人，急究禪以求戒體；而參禪之人，務持律以固禪宗。禪律一心，而教無別出之遺法矣，此救末世之急先務也。」❶⁹⁶又云：「全體現成，懸知戒是心戒，本來具足，豈可以持犯開遮種種名相為律哉？」❶⁹⁷中峰禪師以戒律乃叢林禮法的根本，若要解脫生死，必須持戒。❶⁹⁸而修行到此階段，戒應該已是自然具足的心戒。對此，聖嚴法師也曾提醒大眾，悟後持戒的重要：「由持戒清淨之後，修禪才能得正定；由正定的定力，可以產生無漏的慧力；再由慧力來指導持戒。唯有藉著空慧或無漏慧的正見，持戒才會恰如其分，修禪才不致歧入魔境。」❶⁹⁹並提醒：「那些修行深度不夠，以及生活不守律，放浪形骸的『禪師』，被稱作『野狐禪』或『邪禪』。所有真正的禪師都嚴持戒律；尤其他們若是出家人，必定會堅守叢林的清規。一個禪師必定具有智慧，而有智慧的人，是絕對遵守戒律的。」❷⁰⁰

入魔心在為魔纏，奇特掀騰戒不全；㉑
力若未充當負墮，古人深切有明言。㉒

---

⑯　《弘戒法儀》卷 1，《新纂卍續藏》冊 60，第 1126 號，頁 576 中 5-7。

⑰　《三峰藏和尚語錄》卷 13，《嘉興藏》冊 34，第 B299 號，頁 189 中 3-4。

⑱　見《天目中峰廣錄》卷 11：「殊不知戒律乃叢林禮法之根本，未有絕其根本而枝葉自能存者。」（《補編》冊 25，第 145 號，頁 810 上 13-14）

⑲　《印度佛教史》，《法鼓全集》第 2 輯第 1 冊，頁 49。

⑳　《禪的生活》，《法鼓全集》第 4 輯第 4 冊，頁 167-168。

㉑　漢月禪師主張禪律一心、戒為心戒。這二句是說，學人若將種種神妙境界認作奇特在內心翻騰，很容易入魔，如此便不是正法，也不算自始至終嚴守戒律。《大慧普覺禪師語錄》卷 19 云：「纔有一言半句作奇特解、玄妙解、祕密解可傳可授，便不是正法。」（《大正藏》冊 47，第 1998A 號，頁 892 上 29- 中 1）明‧福善錄、通炯編，《憨山老人夢遊集》卷 5 亦云：「或習氣未淨，被工夫逼拶，變現種種境界，將為神通妙用；或見諸佛菩薩現身說法；或使知他心宿命，能見未來之事；或起種種異見。此皆習氣變現，若認作奇特，便落魔道。」（《新纂卍續藏》冊 73，第 1456 號，

頁 494 上 21- 中 1）聖嚴法師也曾提醒學人：「修定的必先持戒，否則便會落於魔境的邪定，於己於人，有害無益。」（《基督教之研究》，《法鼓全集》第 1 輯第 5 冊，頁 251）

❷ 力若未充：乃指若自身力量尚弱，不足以改變態勢。此語典故出自「其力未充」，乃菴婆提遮女與文殊菩薩的問答內容，宋・悟明集，《聯燈會要》卷 1 云：「菴婆提遮女，問文殊云：『明知生是不生之義，為甚麼被生死之所流轉？』文殊云：『其力未充。』」（《新纂卍續藏》冊 79，第 1557 號，頁 18 上 5-6）負墮：退墮。略分為斷滅墮、怯劣墮、隨語墮、狂恣墮、支離墮、癡空墮、隨緣墮、唯心墮、頓悟墮、圓實墮等十則。（詳見明・明教標註，《西方合論標註》卷 8，《新纂卍續藏》冊 61，第 1165 號，頁 807 上 14-21）古人深切有明言：歷代祖師一向提醒學人戒律的重要性，如宋代的高峰禪師云：「往往學道之士，忘却出家本志，一向隨邪逐惡，不求正悟，妄將佛祖機緣、古人公案，從頭穿鑿，遞相傳授，密密珍藏，以為極則，便乃不守毗尼，撥無因果，人我愈見崢嶸，三毒倍加熾盛，如斯之輩，不免墮於魔外，永作他家眷屬。」（元・持正錄，《高峰原妙禪師禪要》卷 1，《新纂卍續藏》冊 70，第 1401 號，頁 705 下 24- 頁 706 上 4）又如唐・樓穎錄，《善慧大士語錄》卷 1 云：「於是以清淨為戰場，以持戒為守禦，以金剛為鋒刃。」（《新纂卍續藏》冊 69，第 1335 號，頁 104 上 15-16）本偈提醒學人，若自身力量不足則會退墮，故自始至終都應嚴守戒律，作為防禦，以免負墮。

40

總頌

　　本偈所要表達的,是禪者通身徹悟後的自在。《圓悟佛果禪師語錄》云:「靈機廓爾,豈有階梯?智照洞然,本無迷暗。……分明直下現成,是箇本來面目。」[203] 修行至此,即使身處在碌碌塵世中,仍能任運自然,一切皆是真如實相的呈現,樸實而自在。如《三峰藏和尚語錄》云:「雲門道『胡餅』,趙州云『喫茶』。一般行貨,兩樣生涯,金陵俞道婆撒餅在長街。春風細細落,藤花漁舟懸。水仄茆(茅)屋傍山斜,也勝一疋布三斤麻。」[204] 此謂,禪之大道不拘泥於言句,一切皆是真實的呈現,胡餅、喫茶、一疋布三斤麻等皆是。

・・・・・

歷過通身便放憨,舊來方信是奇男;[205]
一般碌碌塵沙界,數樹藤花斗大菴。[206]

---

203 《圓悟佛果禪師語錄》卷 3，《大正藏》冊 47，第 1997 號，頁 724 上 25- 中 2。

204 《三峰藏和尚語錄》卷 3，《嘉興藏》冊 34，第 B299 號，頁 137 上 18-20。金陵俞道婆：原在市集中賣油炸餅，常隨眾參問北宋瑯琊永起禪師，瑯琊禪師要她參「無位真人」的公案。後來忽然大悟，將油炸餅投地，而往見瑯琊禪師。（詳見《嘉泰普燈錄》卷 11，《新纂卍續藏》冊 79，第 1559 號，頁 364 上 12- 中 1）勝：通「稱」，相稱；相符。一疋布三斤麻：在此喻禪之真義，見宋．守堅集，《雲門匡真禪師廣錄》卷 3：「問師：『蒼天意旨如何？』師云：『三斤麻一疋布。』」（《大正藏》冊 47，第 1998 號，頁 573 中 24-25）

205 通身：完全、全部。放憨：顯露出質樸真實。舊來：向來；從前。方信：剛強信實。如《大慧普覺禪師語錄》卷 25：「草木瓦石皆放光明助說道理，亦不柰（奈）何。方信此段因緣不可傳、不可學，須是自證自悟自肯自休，方始徹頭。」（《大正藏》冊 47，第 1998A 號，頁 919 下 20-22）奇男：好漢、優秀者，指佛性本來具足、去來無礙的大丈夫。如《憨山老人夢遊集》卷 17：「向上一路，親近者稀。不是真正奇男子，決不能單刀直入。此事決不是世間聰明伶俐，可能湊泊；亦不是俗習知見之乎者也，當作妙悟。」（《新纂卍續藏》冊 73，第 1456 號，頁 584 中 2-4）又如清．超宗等錄，《大博乾禪師語錄》卷 4：「去來無礙奇男子，出入逍遙大丈夫。」（《嘉興藏》冊 40，第 B472 號，頁 12 下 14-15）這二句是說，修行到此階段，盡顯質樸真實，一切任運自然，堅信人人向來都是佛性本就具足的好漢。

206 碌碌：煩忙勞苦貌。塵沙界：指塵世。藤花：此偈中的藤花，指的就是常見樹上或屋上攀爬的藤花，有些具食用性。斗大菴（庵）：

形容小草屋。此偈乃形容藤花自然地垂掛在草屋上，一切自然而不假造作。如清・張恂編閱，《憨休禪師敲空遺響》卷 9：「柴門編槲葉，草屋覆藤花。」（《嘉興藏》冊 37，第 B384 號，頁 295 下 19）

國家圖書館出版品預行編目資料

三峰派參禪鍛鍊指南. 1, 參禪四十偈 / 漢月法藏禪師著. -- 初版. -- 臺北市：法鼓文化, 2024. 11
　面；　公分
ISBN 978-626-7345-47-4 (平裝)

1. CST: 禪宗 2. CST: 佛教修持

226.65　　　　　　　　　　113014448

中華佛學研究所禪宗典籍系列叢書 1

三峰派參禪鍛鍊指南1——參禪四十偈
The Chan Practice Instructions of Sanfeng Lineage (1)
— Forty Verses on Chan Investigation

著者	漢月法藏禪師
編註	中華佛學研究所
編撰	蔣明親
編審	釋果鏡、張雅雯
叢書總編	釋果鏡
出版	法鼓文化
封面設計	化外設計
內頁美編	小工
地址	臺北市北投區公館路186號5樓
電話	(02)2893-4646
傳真	(02)2896-0731
網址	http://www.ddc.com.tw
E-mail	market@ddc.com.tw
讀者服務專線	(02)2896-1600
初版一刷	2024年11月
建議售價	新臺幣230元
郵撥帳號	50013371
戶名	財團法人法鼓山文教基金會—法鼓文化
北美經銷處	紐約東初禪寺 Chan Meditation Center (New York, USA) Tel: (718)592-6593 E-mail: chancenter@gmail.com

本書如有缺頁、破損、裝訂錯誤，請寄回本社調換。
版權所有，請勿翻印。

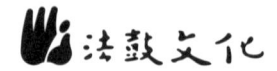

法鼓文化